JN010595

CHARCOAL

CHARCOAL

NEW WAYS TO COOK WITH FIRE

炭火で焼く

カリフォルニア発、進化系BBQキュイジーヌ

ジョサイア・シトリン

共著／ジョアン・チャンチューリ

FOREWORD

序文

ロサンゼルスに来て初めて食事をしたのが「メリッス」で、そこでジョサイアと出会った。人はよく似た背景を持つ相手に本能的に惹かれるというが、だから彼のことをすぐに好きになったのだと思う。ジョサイアも僕もヨーロッパで料理を修業し、ロサンゼルスにファインダイニングレストランをオープンし、その後そろって「生きた火」を扱うレストラン業に進出した、という経緯がある。

高級レストランのシェフというと、誰しもある種のイメージがあるはずだ。そう、リンツチョコレートのCMに登場する変な帽子をかぶった男みたいな。でもジョサイアは、そんな気取りなどすべて脱ぎ捨てる勇気の持ち主で、高級レストランのシェフとは思えないスタイルで調理する。おまけに、家で料理するのも大好きだという。そんな彼がつくる料理は最高だ。

火を燃やし、そこに集まってくる人を見るのは、どこか心温まるものがある。おもしろいもので、暖を取るためにしろ、ビール片手に何かを焼いているにしろ、火をつければ人は必ずそこに引き寄せられる。それに加えて、もし誰かがその火でおいしいものを調理し、人々に食べさせようとしているとしたら。それは最高に決まっている。ジョサイアは、自身の知識や訓練を注ぎ込んで、そんな最高の体験を素敵なレストラン「チャコール」で客に提供するようになった。彼は、何の不安もなく「炭の中にキャベツを埋めるよ。うまいからね！」と言える人なのだ。

ジョサイアは、火の達人である。彼がキッチンで皮はパリパリで中はジューシーな鴨を焼きながら、同時にビッググリーンエッグを使ってスモーキーな鶏手羽（これがまた絶品）を仕上げていくさまは見事としか言いようがない。「あの鴨！」と思うあまり夜中に目覚めてしまったほどだ。そして、あの野菜料理の数々。肉がメインのレストランに来て、あんなに狂喜したベジタリアンの姿はこれまで見たことがない。それもこれも、ジョサイアがすべての食材に敬意を表し、大切にしているからだ。ハーブヨーグルトソースを添えたヘダイのグリルでも、ポルチーニ風味のニューヨークストリップステーキでも、あの常軌を逸した（褒め言葉）、炭の中で焼いたキャベツとスマックとレモンのソースでも、最終的には旨みの塊のような料理に仕上がる。

この本のレシピは間違いない。プロでなくてもつくれるし、単純においしい。カリフォルニアに暮らす幸運な我々だけが知る旬の野菜を使ったレシピも満載だ。でもあなたは、あなたの地元のファーマーズマーケットに出かけて、材料を調達してほしい。そのほうがうまくいく。入手しにくいものは、手に入るものでつくってみよう。そしてこれは公然の秘密だが、甘いものが大好きな僕からすると、スモークしたフルーツほど美味なデザートはない。僕が愛するカクテル「ミッドナイト・マルガリータ」でも飲みながら、どうかそのことを想像してほしい。そしてそれが終わったら、火をおこして、蛾のごとく集まってくる仲間たちのために料理でもはじめよう。「煙あれば火あり」という古いことわざがある。それを言うなら、チャコールあればジョサイアあり。君を誇りに思うよ。ところで、今度はいつディナーに招待してくれるんだい？

カーティス・ストーン
Maude, Gwen Butcher Shop & Restaurant　オーナーシェフ

CHARCOAL AND FIRE

テーマは、炭と火

フレンチのシェフが「木と火」のレストランをつくるまで

「情熱に火をくべよう」――レストラン「チャコール Charcoal」がこの言葉をモットーとするのには、正当な理由があります。この店は、日曜日に自宅で趣味で調理していたバーベキュー料理を、地域に根ざした、誰もが気楽に入れるレストランで共有したい、という私のごくパーソナルな願いから生まれました。「チャコール」につながるアイデアが初めて私の頭の中に植え付けられたのは、フランスで料理修業をしていた20年前。よく訪れていたバスク地方にある小さなレストラン、「ラ・タンティーナ・ド・ブルゴス La Tantina de Burgos」でのことです。メニューはグリルした肉、魚、野菜といたってシンプルで、それにかけるための各種のビネガーや薬味類がテーブルに置いてある素朴な店です。ですがその、「生きた火（ライブ・ファイヤー）」に触れた料理、炭の匂い、にぎやかな雰囲気にはどこかマジカルな要素があり、その後もずっと忘れられませんでした。

1990年代初めにロサンゼルスに戻った私は、かのウルフギャング・パックの「シノワ・オン・メイン Chinois on Main」のチャコールグリル・ステーション担当のほか、いくつかの有名レストランで働く機会を得たのち、自分のファインダイニングレストランを開店することを目指して独立し、1999年に「メリッスMélisse」をオープンしました。「メリッス」は、ひとことで言えば高級フランス料理店です。エレガントなテイスティングメニュー、純白のテーブルクロス、ワールドクラスのサービスを誇るこの店は、私が積んできた正統派の修業と、ディテールと完成度に向けた一意専心を体現する存在です。「メリッス」でやってきたことを何よりも誇りに思っていますし、完璧さの追求はシェフとして、そしてレストラン経営者としての、私の根本です。磨き上げられた銅鍋でソテーすること、パリッとしたシェフコートに身を包むこと、ゲストの大切な記念日を一緒になってお祝いし、記憶に残るダイニング体験を提供することを、愛してやみません。

「メリッス」はミシュランの2ツ星を含むさまざまな賞をい

ただき、オープンから20年が経過した現在でも、行ってみたいレストランとして評価されていることに心から感謝しています（変化の激しいロサンゼルスのレストランシーンでは、けっして簡単なことではありません）。

ですがその一方で、「メリッス」が、友だち同士で気軽にちょっと食べて飲もうというときに行ける店ではないのも事実です。そこで出している多皿構成のコースメニューは、私が自分の家でつくる料理とはまったく異なります。私はあるときから、別の店を開いてよりソウルフルでパーソナルな料理を提供したいと思うようになりました。ファインダイニングも私にとっては大切なもので、とてもやりがいがあるのですが、シェフとして自分の二つの側面のバランスを取りたくなってしまったのです――休日に、海辺の家でビッググリーンエッグを使って、家族と友人のためにバーベキューや燻製をするのが好きな男の望みを満たすことで。

「チャコール」のコンセプトが閃いたのは、メルローズアベニューにあるナンシー・シルバートンのイタリアンステーキハウス「チ・スパッカ Chi Spacca」で食事をしたときのことでした。そこで、あのバスクのレストランの記憶がよみがえるとともに、焼けた肉や野菜やシーフードを取り回すあのバーベキューのカジュアルな雰囲気、その場に集まった人々の笑顔が頭をよぎりました。そしてその瞬間、どんな料理も気楽にシェアできる「ウッド・アンド・ファイヤー（木と火）」をテーマにしたレストランをつくる、そこで私の経験とスピリットを形にするのだという思いに突き動かされたのです。どこまでも直感的なものでしたが、その感覚はやがて現実になりました。

2015年、「チャコール」はサンタモニカのベニスビーチからすぐのところにオープン。その後の日々は、私に公私ともにとてつもない解放感をもたらしてくれました。シェフの仕事のひとつは人々をケアすることですが、当初より私はここをベニス地区にずっと昔からあったようなフレンドリーな場所にしたい、温かさと活気のなかで皆が食を楽しむ場にしたい、と目指してきました。「生きた火」を使った調理は、食材に風味を加えるだけでなく、コミュニティとコネクションを生み出します。火が自然と人々を結び付けてくれるのです。

野菜の繊細さを生かすためにも、炭火を使う

「チャコール」は――ステーキハウスでなく――グリルレストランですから、肉好きとベジタリアンの仲間が一緒に食事をすることもできます。野菜も敬意をもって大切に調理すれば、おいしいものが好きな人なら誰でも満足させることができる、それが私の信念です。実際、メニューの中でもっとも人気の高い（しかも評論家からの評価も高い）料理は、「キャベツの炭埋め焼き、スマックとレモンゼスト風味のヨーグルトディップ」（p.127）です。新鮮な農産物に恵まれたカリフォルニアで生まれ育ったことは、私の料理に大きな影響を与えています。「チャコール」のメニューにおいて、野菜料理が肉料理と同じ比重で扱われているのもそのためです。私にとって、炭火は厚切りの肉をグリルするためだけのものではありません。野菜に対してもその色、食感、フレーバーの繊

細なニュアンスを表現するために使います。野菜こそ真のイノベーションの推進役。肉とは異なるタイプの繊細さが求められる野菜への炭火づかいは冒険と言ってもいいでしょう。これ以上なくシンプルな野菜のひと皿に、複雑でコントラストのある味わいを表現することはじつに楽しいものです。たとえば「炭火でローストしたニンジン、リコッタとハーブ添え、ブラックペッパーハニーソース」(p.132)は、香ばしく焦がしたニンジンにスパイシーなハチミツのソースをからめてチーズとハーブをトッピングした一品で、いくつものフレーバーの層が重なったその味わいは、意外性に満ちたおいしさです。また、「スモークしたイチゴ、バジル風味のイチゴスープ」では(p.207)は、木と煙を意外な食材に用いて印象的なフレーバーを与えています。「チャコール」の野菜料理はそれ自身が個性的であり、単独でメインディッシュになるものもたくさんあります。

ロサンゼルスを拠点にしていると、いつでも新鮮な野菜を手に入れることができます。毎週水曜日の朝はサンタモニカ・ファーマーズマーケットにいる私を見かけることができるはず。そうやって地元の農家やその代理人との関係を築いていけるのは、ロサンゼルスのシェフの特権です。食材の豊富さと入手しやすさに関して、カリフォルニア以上に恵まれている場所はそうありません。とくに私にとって季節は大切で、野菜は旬の時期に食べることを信条としています。どこに住んでいようと、つねに上質な食材を求め、いちばんおいしい時期に食べること。たとえば「メキシコ風焼きトウモロコシ」(p.142)ならトウモロコシが旬の夏に、「アスパラガスのグリル、きざみゆで卵のビネグレット」(p.74)なら春といった具合に。ファーマーズマーケットはあなたの友だちです。できるだけ地元産の旬の食材を食べましょう。

回数を重ね、火と食材を読み取る力をつける

話をしながら食事をするために火を囲むのは、現代においてもある種の儀式ですが、人類の原始時代から脈々と行われてきたことです。それは我々のDNAに深く組み込まれた渇望と言ってもいい。世界中で、人々はそれぞれのやり方で生きた火を使って調理しています。アメリカ南部では、何と言ってもバーベキューが至高の存在です。アルゼンチンにはアサードが、日本には鉄板焼きや焼き鳥があります。韓国ならカルビ、中東とタイにはそれぞれシシカバブとサテと呼ばれる串焼きがある。もっとたくさんの例がありますが、基本的な要素はいずれも同じ——つまり火、煙、食材、それを囲む人々、そしてほかの調理法ではけっして得られない、豊かな風味を楽しむということです。

グリルの火の使い方をマスターするには、練習が必要です。自宅でチャレンジするならば、あなたの家の庭こそ、生きた火を使って調理する最適な場所です。グリルとは、味覚、触覚、聴覚、視覚、嗅覚の五感を駆使して腕前を高めていくもので、それを通して、よりスマートな料理人へと進化できるはず。炭の火床も、いつもキッチンで使っているガスコンロと同じと考えてみましょう。鍋で何かを調理しているときと同じように、食材の匂いを感じ、色づき方や縮んでいく様子を観察し、指で触れ、ジュージューいう音の大きさを聞いて

判断するのです。このプロセスは、急いではなりません。炭火の温度はつねに変化し、そこには天候や風、炭の種類などさまざまな要素が関わってくるからです。すべての炭火はそのとき限りの唯一無二のもので、その火に臨機応変に対応することも醍醐味のひとつ。何ものにも邪魔されず、火と向き合うのは格別の時間です。

本書の狙いは、読んだ人が何度でもつくりたいと思い、それを家族や友人と共有したくなるようなレシピ本となることです。章の構成は、炭火の上で焼く、炭の中で焼く、赤く熾きた炭に触れて焼く、炭火のスモーク……と、私自身にとって筋の通る調理法別に分けました。私が目指したのは、天然木の炭と炭火のさまざまな生かし方を紹介することで、お手持ちのグリルの機能を最大限に引き出すとともに、新たなテクニックとフレーバーに出合っていただだくことです。

「チャコール」という店では（そして本書でも）、すべての料理は好きなように組み合わせ、大皿をシェアして銘々で楽しんでもらうスタイルを取っています。ぜひ、ページをめくりながら、これとこれは合いそうだと思った料理を、季節の素材でつくってください。本書のレシピは、どんな料理スキルの人にでもつくれるものです。グリル料理にバランスをもたらす「アクセント」に関する情報も満載です。たとえば刺激的なチミチュリ、さまざまなビネグレット、風味豊かなスパイスラブやソース……いずれも生きた火によって調理された食材のフレーバーを「隠す」のではなく「支える」構成要素となってくれます。

確かに本書は「時短で簡単」な料理本ではありませんが、どのレシピもけっして難解すぎはしません。そしてすべてのレシピは、プロの料理人以外の人たちを念頭において試作し、書いていますが、一方でそれは私たちがレストランで毎日提供しているものと比べて何の遜色もありません。ほとんどの食事がそうであるように、本書のレシピも前日に肉をマリネする、数時間前に野菜をローストする、いつでも調理できるように調味料などの食品を常備しておく、などの事前準備をすることで調理時間を短縮することができます。材料も、ごく一部の例外を除けば、主要なスーパーや食料品店で調達できるものばかりです。聞いたこともない、入手困難な材料や道具を探してネット検索にしゃかりきになる必要もありません。ただし材料に関しては、オリーブ油であれ農産物であれ、より上質なものを使ったほうが結果もよくなることは間違いありません。

生きた火を使ったアウトドア料理の核にあるのは食事はもちろん、人と人のつながりです。屋外で食事するとき、人はリラックスして、山盛りの料理とおいしいドリンク（私の秘蔵のバーボンが出るときも）を楽しみながら、気楽な会話を交わすようになります。さてさて、それでは炭の火おこしを始めましょうか！

サンタモニカのビーチタウン、ベニスにあるレストラン「チャコール」の外観と、サンタモニカ・ファーマーズマーケットの光景。最下列左写真の右端が著者。右腕であるジョー・ジョンソン（左）とケン・タカヤマ（中央）とともに。

CHARCOAL

WEISER FAMILY
WEISER FAMILY

V E N I C E
NEVER

CONTENTS

57

OVER THE COALS

炭の上で焼く

123
IN THE COALS
炭の中で焼く

125
Roasted Radishes with Butter and Sea Salt
ラディッシュのロースト、バターと塩で

127
Cabbage Baked in Embers with Yogurt, Sumac, and Lemon Zest
キャベツの炭埋め焼き、スマックと
レモンゼスト風味のヨーグルトディップ

128
Kabocha Squash Hummus
カボチャのフムス

130
Loaded Yukon Gold Potatoes with Salted Butter, Crème fraîche, Aged Gouda, and Chives
ジャガイモの炭焼き、バターと
クレームフレーシュ、
熟成ゴーダとチャイブ詰め

132
Coal-Roasted Carrots with Ricotta, Herbs, and Black Pepper Honey
炭火でローストしたニンジン、
リコッタとハーブ添え、
ブラックペッパーハニーソース

136
Blackened Beets with Lemon-Scented Horseradish and Dill
黒焦げビーツ、レモン風味の
ホースラディッシュとディルのソース

139
Salt-Crusted Fennel with Olive-Tomato Vinaigrette
フェンネルの塩釜焼き、
オリーブとトマトのビネグレット

142
Corn Elote with Lime, Chile, Cilantro, and Cotija Cheese
メキシコ風焼きトウモロコシ：
ライム、チリ、コリアンダー、
コティハチーズ

145
Charred Artichokes with Lemon Aioli
焦がしアーティチョークと
レモンアイオリ

149
Salt-Baked Whole Maine Lobster with Herbs and Lime
ロブスターの塩釜焼き、
ハーブとライム添え

153
Whole Branzino Stuffed with Fennel and Lemon
スズキの姿焼き、
フェンネルとレモン詰め

155
Black Cod Wrapped in Banana Leaf with Honey, Dijon, and Miso
ギンダラのバナナリーフ包み焼き、
ハニーマスタードと味噌風味

159
Eisenhower Sausage and Peppers Hero
アイゼンハワーソーセージとパプリカの
ヒーローサンドイッチ

161
WITH THE COALS
炭に触れて焼く

163
Ahi Tuna Tataki with Yuzu, Shiitake, and Radish
キハダマグロのたたき、柚子と
シイタケのビネグレットとラディッシュ

164
Shrimp Scampi with Lemon, Parsley, and Garllic
シュリンプ・スキャンピ、
レモンとパセリとニンニク風味

167
Scallop Carpaccio with Chimichurri and Lemon Bread Crumbs
ホタテのカルパッチョ、
チミチュリとレモンパン粉がけ

168
Eggs Black Benedict
ブラックエッグベネディクト

171
Singed New York Strip with Beef Fat Vinaigrette
ニューヨークストリップの片面焼き、
牛脂のビネグレット

175
Charcoal Flatbread
チャコールフラットブレッド

177
Lemon Meringue Tarts
レモンメレンゲタルト

181
Midnight Margarita
ミッドナイト・マルガリータ

183
WITH THE SMOKE
スモークする

188
Smoked Fingerling Potatoes with Cipollini Onions
ミニポテトとチッポリーニのスモーク

191
Smoked Mushroom and Beet Tartare with Currants
スモークマッシュルームとビーツのタルタル、
カランツ添え

193
Smoked Cauliflower with Curry and Dates
スモークしたカリフラワー、
カレーとデーツ風味のディップ

194
Cedar Plank Salmon with Hibiscus
シダープランクサーモン、ハイビスカス風味

197
Herb-Brined Smoked Turkey
ハーブ香のしっとりスモークターキー

199
Smoky Grilled Chicken Wings
鶏手羽のスモーキーグリル

200
Smoked Lamb Ribs with Fermented Black Beans and Charred Scallion Vinaigrette
ラムスペアリブのスモーク、豆豉風味、
焦がしワケギのビネグレット

203
Smoked and Grilled Bone-In Short Ribs with Barbecue Sauce
骨付きショートリブのスモーク＆グリル、
バーベキューソース

207
Smoked Strawberries with Strawberry Water and Basil
スモークしたイチゴ、
バジル風味のイチゴスープ

208
Smoked Crème Brûlée
スモークドクレームブリュレ

211
Old-Fashioned with Smoked Ice
スモーク氷を使ったオールドファッションド

日本語版の刊行にあたり

本書のオリジナルは2019年にアメリカで出版された本です。原題は『Charcoal』(チャ コール=木炭)。木から生まれる「生きた火」のマジカルな魅力に惹かれる著者(カリフォルニア料理界のトップシェフ)が近年オープンしたレストランの名前でもあり、本書はそのレシピ本です。実際のキッチンでは薪の熾き火を使った伝統的ウッドファイヤーグリルと木炭グリルを使い分けているようですが、本書のレシピは「一般向けバーベキュー用木炭グリルでつくれる」ことを前提としています。家庭バーベキューが身近にあるアメリカなればこそで、一般グルメに向けて、炭火を使った新感覚の料理を紹介しています。

６つのチャプターの内容は以下の通り。
◎「味の基本アイテム」：料理をおいしくするソースやラブ（味つけ用のパウダー）
◎「炭の上で焼く」：一般的な「炭火焼き」。ガスグリルでもつくることが可能
◎「炭の中で焼く」：炭床に食材を直接置いて（または埋めて）焼く
◎「炭に触れて焼く」：真っ赤に熾きている炭に食材を直接タッチさせて焼く
◎「スモークする」：チャコールグリルを使ってスモークする
◎「炭を使わない料理」：バーベキュー料理に合う、前菜やサイドディッシュ

炭火調理に関するレシピや記述は、「屋外で、バーベキュー用グリル（蓋付き）を使って調理する」ことを前提としたものです。機器に関しては、アメリカでポピュラーなかまど型セラミックグリル（カマドグリル）、ケトルグリルの使用がおもに想定されています。

炭火使用のレシピ を利用する際は、最初にひととおり読んで全体像を理解したうえで、ご自身の使うグリル台の環境、サイズ、備品を確認したうえで適合させる、または参考としてください。木炭の種類によっても火力や燃焼時間は異なるので、適宜調整してください。グリル台の環境については消防法の基準に従ってください。アウトドアで活用する場合は、30頁の「安全のために（バーベキューの鉄則」も必ず読んでください。

随所に登場する「NOTE（食材に関する注記）」は原文を訳したものですが、それとは別に、日本版の編集部注(*)として食材の補足説明や日本においての代替食材の提案を記しています。注釈のコメントは、米澤文雄氏（東京・青山のレストラン「ザ・バーン」シェフ）が監修しています。

■グリルに関する表記

グリル
元々の言葉の意味は「鉄格子」(フランス語)。そこから火床の上に鉄格子をセットした焼き台のこと、さらにそこで食材を焼く行為も指すようになりました。本書では①グリル台、②グリルする、グリルという調理法……どちらの意味でも使っています。

グレート
食材を置くグリル板(鉄の格子、または焼き網)のこと。

炭
とくに表記していなくても「木炭」を指します。

■調理機器や食材についての特記事項

ブレンダー
ミキサーのこと。原文ではバイタミックス(Vitamix、一般家庭用よりもハイパワーで高速の製品)を推奨しています。

卵
とくに表記していなくても著者の推奨は「オーガニック、できればフリーレンジ飼育のもの」。

ハーブ類
とくに指定がない限り、すべて「フレッシュ」を使用。

その他食材一般
レシピで使われている野菜や調味料、チーズ、加工品が日本で流通していない(または入手しづらい)場合があります。適宜、注釈で説明や代替案をつけています。

■度量衡の表記について

温度
原文の華氏表記を摂氏表記に書き換えています。小数点以下の端数は省略しています。

長さ
原文のインチ表記(1インチ＝25.4㎜)をメートル表記に書き換えています。その際、端数を適宜省略しています(例；1/4インチ≒6mm)。

重量
オンス・ポンド表記をg表記に書き換えています。カクテルに関しては、液体のオンス表記をml表記に書き換えています。

容量
本書における「小さじ」「大さじ」「カップ」の実数は下表の通りです。日本で一般的な換算数値と異なるので、混乱による影響を避けるためにml表記に書き換えている場合があります。その際、状況に応じて端数を適宜四捨五入しています(例：1/4カップ≒60ml)。

一部、原文で容量表記されているものを、重量に換算してg表記している場合があります。

「密に」
「ブラウンシュガー　カップ1(密に)」のように、カップ表記に「密に」と特記されている場合は、「ぎゅっと詰めて」を意味します。

■換算表

表記	ml実数
小さじ1	5ml
大さじ1	14ml
1/4カップ	56ml
1/2カップ	120ml
1/3カップ	170ml
1カップ	240ml
1¼カップ	280ml
1½カップ	340ml
2カップ	450ml
2¼カップ	500ml
2½カップ	560ml
3カップ	675ml
4カップ(1クォート)	900ml
4¼カップ	1000ml

Very Old
Kentucky Straight Bourbon Whiskey
Very Small Batch

BEFORE YOU BEGIN

炭火料理をはじめる前に

このセクションでは、本書の料理に必要なすべてについてまとめています。まず知るべき最初のルールは「準備を万全にしておくこと」。グリル調理に使う食材、塩、ペッパーミル、まな板、包丁、食材を休ませるための皿やバット、その他必要な道具をすべて、炭に火をつける前にグリルのそばのすぐ手に取れるところに用意することです。いったん火をおこしたら、キッチンに何かを取りにいくためにグリルのそばを離れることがあってはなりません。完璧な準備があればこそ料理する人もゲストも、アウトドア料理を心おきなく楽しむことができるのです。まずは、この調理法の心臓部であるグリル（台）についてからお話しましょう。

グリル GRILLS

加熱機器であるという以上に、これが私のアウトドアキッチンの核心です。本書の全レシピはチャコールグリルの2つの代表的なタイプ、「ケトルグリル」と「かまどグリル」を使って開発・試作しました。ガスグリルはもちろん便利ですが、炭を使わないので、炭火ならではの風味はガスでは得られません。

ケトルグリル

現在市販されている中でもっともポピュラーなケトルグリルは、ウェーバー（Weber）ブランドのもの。今やガーデンバーベキューの必需品となったお手頃価格のこのチャコールグリルは、独立記念日にハンバーガーやホットドッグを焼くのはもちろん、木材を投入して通気口を調整すれば、燻製器としても使えます。保温性の高い丸いフォルムを持ち、複数の通気口のおかげで空気の流れを自在にコントロールすることができます。直径57cmサイズが200ドル台*です（その下の47cmサイズは表面積が小さすぎるのであまりおすすめしません）。使用後は、グリルが冷めたら汚れを落とし、底部の通気口をふさがないように、ボウル（火床）に残った灰を取り除くことが大切です。

＊アメリカでの価格。ウェーバー社のウェブサイトはhttps://weber.com/JP/

カマドグリル（かまど型セラミックグリル）*

熱狂的なファンを獲得しているのが、独特な緑色と卵形が特徴的な、頑丈なかまど型セラミックグリル「ビッググリーンエッグBig Green Egg」*。カマドとは、日本伝統のストーブ（またはコンロ）のことで、インドのタンドールの遠縁にあたり、アメリカではこの種のセラミックグリルを指す総称となっています。ビッググリーンエッグは、私の店「チャコール」に数台、さらに私の自宅にも1台ありますが、じつにすばらしい働きをしてくれます。ビッググリーンエッグの人気の理由は、セラミック素材ゆえの断熱性の高さ。高温はもちろん、低温も保ってくれるので本格的な燻製器にもなります。第二に、炭をたっぷり入れられる深さのある円筒形なので、途中で炭を足さずに長時間のスモークや加熱調理が可能であること。厚みのあるセラミック製ボディのおかげで、長時間でも設定温度を保つことができます。温度調節は、炭に空気を送る底部の通気口と、ドーム型のふたにある空気や煙を外に逃がす通気口の二つを開閉、調整しながら行います。一方、カマドグリルの難点は、高価なことと重量があることです。それでも炭火調理が大好きという人にはぜひおすすめしたい製品です。

＊カマドグリルは、昭和初期の日本にあった「蒸しかまど」（陶器と羽釜を組み合わせた大型炊飯器）を、戦後来日したアメリカ人が持ち帰り、バーベキュー用のグリルに改変して製品化したのが始まり。それがビッググリーンエッグ（http://biggreenegg.com）で、アメリカで大ヒットし、カマドという言葉とともにカマドグリルが定着した。同製品の公式な輸入代理店はないが（2020年夏現在）、日本にも、ほぼ同じ機能を持った「KAMADO Q」(www.kamado-q.com)という国産のカマドグリルがある。

炭　CHARCOAL

私は100％天然の堅木だけでつくられた木炭（チャコール）しか使いません。木炭とは、木を低酸素下で燃焼させた結果、炭素主体の塊となって残ったもの。ブリケットや、それよりさらに粗悪な着火剤をしみ込ませたインスタントライトとは異なり、添加物はいっさい含まれていません。私はヒッコリーとオークのミックスを使用しています。炭を入手する際は、どのブランドであっても「添加物を使用していない100％ナチュラルな木炭」であることを確認して購入してください。

その他の道具　OTHER TOOLS AND EQUIPMENT

キッチンにおいてもアウトドアでも、個人的にはあまり多くの道具やガジェットは使いません。よくあるバーベキュー用品のセットは好きではないので、ひとつひとつ必要なものを選んで購入します。たくさんの道具をそろえるよりも、上質な食材にお金を使ったほうがよい結果が得られると思います。そういうわけで、私の必須バーベキュー用品のリストはかなりシンプルです。

トング

丈夫なステンレス製の調理用トング（シリコンがついていないもの）をサイズ違いで2本以上用意しています。食材や炭をつかんで動かすときには30cmの長いトング、グリルのグレート（食材を置く鉄の格子または焼き網）を持ち上げたり、しっかりとした保持力がほしいときは22cmのトング（2本）と使い分けています。

スパチュラ

大きな金属製のスパチュラ（へら）は、食材をひっくり返すときにあると便利です。スパチュラが熱で溶けたりたわんだりしないよう、そして自分の手が火から安全な距離を保てるように、グリップが耐熱性で握りやすく、柄の長いステンレス製のものを選びます。

ガーデン用品

柄の短い金属製の熊手（レーキ）、くわ、ショベルは炭の移動に重宝します。グリルへの炭の出し入れには小さなショベルと熊手を使っています。これらのガーデン用品はとくに「炭の中で焼く」料理（p.123～160）のために火床をつくる際に便利です。熱で溶けないように、柄はプラスチックではなく木製のものを選びます。

グリルブラシ

食材においしそうな焼き目をつけ、また食材が張り付かないようにするためにも、グリルのグレートはつねにきれいにしておく必要があります。使用するたびに掃除することを習慣づけましょう。グリルブラシは、柄が長くて、ブラシ部分が簡単に抜け落ちないようなしっかりとした頑丈なものを選んでください。グリルを使ったら、グレートがまだ熱いうちに食材のかすや焦げつきを落とします。肉を休ませている間の1～2分もあればできます。それが無理でも、次に使うときまでには必ず、グレートが熱い状態で掃除してください。いざというときはアルミ箔を丸めて汚れを落とすこともできますが、あくまでもその場しのぎのもので、習慣的な掃除に勝るものはありません。なお、グリルブラシは消耗品です。ブラシが焦げっぽく、すり減ってきたら買い換えてください。

サイドタオル（布巾）

グリル調理の際、乾いた布巾やタオルはいくつあっても困りません。私は手や道具をふいたり、熱い食材をつかんだりするときに活用しています。この場合、上質なコットン製である必要はありません。汚れてもかまわない古びた布巾やタオルで十分です。

温度計

温度計は、デジタルインスタントリード温度計（本書レシピ内では「デジタル温度計」と表記）とレーザー赤外線温度計の2種類を用意することをおすすめします。前者は肉の芯温を測るために、後者はグリル本体の温度を測るために有用です。

・デジタルインスタントリード温度計（デジタル温度計）

完璧な焼き加減をコントロールするために頼れる唯一の方法が、デジタルインスタントリード温度計を活用することです。使い方は簡単。温度計のプローブ（先端）を肉の一番厚みのある部分に刺せば、約3秒で内部温度がデジタル表示されます。バーベキューに限らずあらゆる料理に使えて便利。30ドルも出さずによいものが買えて長持ちします（電池寿命は3,000～5,000時間）。使用を始める前に精度を確保するためにキャリブレーション（温度校正）をしましょう。背の高いグラスに氷を満たし、冷水を入れて数分おきます。温度計のプローブを先端が氷に触れないように差し込み、温度が0℃と表示されれば完了です。

・レーザー赤外線温度計

銃のような外見のレーザー内蔵の温度計は、グリルの表面温度をチェックするのに便利な道具です（食材の内部の温度を測るためのものではありません）。このレーザー赤外線温度計を使えば、グリルから数センチ～数メートルまでの距離を保った状態で温度を測ることができます。グリルグレートに向けてトリガーを引けば（またはスイッチ／ボタンを押せば）、数秒で温度が表示されます。グレートは、場所によって温度が異なるので、この温度計を使って数カ所測るとよいでしょう。チャコールグリルにはダイアル式温度計が内蔵されていますが（たいていは、蓋に取り付けられています）、場合によっては10℃近い誤差が生じることもあり、あまり信頼できるものではありません。

グリルバスケット

芽キャベツ（p.72「芽キャベツの焦がし焼き」）やシシトウ（p.70「シシトウとスナップエンドウのグリル」）などのデリケートな野菜をグリルするときに便利なのが、グリルバスケット。ニンジンを炭の中に埋めて焼くときも（p.138「炭火でローストしたニンジン」）このバスケットを使えば、バラバラになりません。なおこれは、魚用の柄付きの合わせ焼き網（これもグリルバスケットと呼ばれます）とは別物です。野菜用のグリルバスケット（ベジタブルバスケット）は、たいてい長方形か円形の蓋のない金属製のかご。バーベキュー用品として販売されています。

ファイヤースターター

チャコールグリルの火をおこすのに、チムニースターターや電動スターターを愛用している人も多いかもしれませんが、個人的にはそれらの必要性は感じません。特定の用途向けのアイテムに関しては私はミニマリストなので、グリルの底に炭を積んだら天然木のファイヤースターターを置き、ガスライターで火をつけるだけです。私が好んで使うファイヤースターター＊は木材とワックスから作られたもので、素早く点火してクリーンに燃焼し、いやなにおいもありません。いずれにしても、絶対に液体着火剤は使わないこと。食材が化学薬品の味になってしまいます。

＊著者使用の2銘柄は、ロイヤルオークRoyal Oak社の「タンブルウィーズ Tumbleweeds」と、ラットランドRutland社の「セーフライフ・ファイアースターター Safe Lite Fire Starter Squares」。

耐火グローブ

これだけは、ケチらずによいものを入手してください！　上質な耐火グローブは、生きた火を使った調理には不可欠です。手首をすっぽり覆うロング丈で、厚手でしかも、手が動かしやすいものを選びましょう。グローブをした状態でトングや包丁をすんなり扱えることが大切です。耐火グローブは、とくに「炭の中で焼く」(p.123 ～ 160) 料理をする際は、絶対に装着してください。

グリルの火をおこす

火おこしの儀式は、アウトドア料理においてもっとも原始的かつ満足感を覚える部分ですが、ときにはもっとも困難な工程にもなります。チャコールグリルの炭のセットアップ（置き方）についてはさまざまな意見がありますが、私は長年のグリル調理を通して、炭は均一な厚さに敷くのがベストであるという結論に達しました。

火おこし

①木炭を火床に入れる際は、袋からじかに投入せず、小さなかけらや粉がグリルの通気口をふさがないようショベルなどですくって入れます。木炭は大きなピースを底のほうに敷いて（燃焼時間が長くなるので。また、通気口の空気の流れの妨げにならないよう）、3 ～ 4層に重ね、平らにならします。最初からそれなりの量の炭を投入すれば、数時間は火を保って途中で炭を補充しなくて済みます。

②点火する前に、グリル底部の通気口が開いていることを確認します（火が燃え続けるためにはたっぷりの酸素の流入が必要です）。

③グリルに蓋をしない状態で、ファイヤースターターを炭の真ん中に1個、それを囲むように3個置き、ガスライターで火をつけます。そのまま10 ～ 15分間、炭が燃えて赤くなるのを待ちます。

④手にグローブをはめ、トングを使って慎重にグレート（食材を置く格子または網）をセットしたら、蓋をして上部の通気口を全開にし、空気がグリル内できちんと循環して煙が逃げるようにします。蓋をしたまま10 ～ 15分間おいて、炎が収まり、炭の表面が白い灰をかぶった感じになれば、準備完了です。蓋を取ったら美しい炭の姿があるはず。さっそくはじめましょう。

安全のための鉄則

本書の中でもっとも重要な部分です。どうかしっかりと読んでください。「生きた火」を使って調理をする際は、あなた自身と家族や友人たちの安全のために以下のガイドラインに従ってください。

・グリルは絶対に屋内や車庫の中で使用しないこと。

・グリルは、家屋や車庫、フェンス、中庭の柵などの周辺の構造物から十分な距離を保つこと。木の枝の下や茂みの近くにも置かないこと。

・グリルは平らな表面に、転倒しないようにしっかりと設置すること。

・ゆったりとした服には火が燃え移りやすいので、シャツの袖やエプロンのひもなどがグリルの上にたれ下がらないようにすること。また、ビーチサンダルや裸足は避け、つま先が覆われた靴を履くこと。

・グリルの周囲に「子ども立ち入り禁止ゾーン」を設定し、子どもやペットがグリルに近づかないようにすること。

・火のついたグリルを誰も人がいない状態で放置したり、まだ熱いグリルを動かそうとしたりしないこと。チャコールグリルは、炭が消えたあとも数時間は熱を保っていることを忘れないように。

・炭や灰は、完全に冷めたことを確認してから、金属製の容器に入れて処理すること。

・緊急事態に備えて、消火器、塩1箱または重曹1箱をグリルの近くに用意しておくこと。

「燃え上がり」を防ぐ

食材が炎に包まれる「燃え上がり」は、多くの場合、脂肪の多い肉を焼いているときや、油分を含んだソースやマリナードが熱い炭の上に落ちたときに起こります。これは、いわば油火災の状態です。燃え上がる炎が少々怖いというだけでなく、食材を焦がしてダメにしてしまうこともあります。起きやすいのは、グリルに最初に食材をのせたときと、ひっくり返したときです。(食材に届かない程度の)小さな燃え上がりは、とくに牛肉を焼いているときにしばしば起こりますが、これはむしろ焦げた風味を加えてくれます。それよりシビアな状態を防ぐにはグリルのグレートをつねにきれいな状態にしておくこと、食材を並べすぎないことです。それでも大きな燃え上がりが起こったら、一番よい方法はすぐにグリルの蓋をして酸素の供給を断ち、火の勢いを抑えることで(p.105「骨付きプライムリブアイのグリル」も参照のこと)、しばらく待って蓋の通気口から中の様子を見て鎮火していたら、蓋を取ります。もうひとつの方法は、食材を慎重にグリルから取り出して、火が収まるのを待つことです。いずれにしろ、グリル調理中はつねに細心の注意を払う必要があります。食材から目を離さないこと、そして、炭が熾きているあいだは絶対にグリルから離れないようにしてください。

BASICS (SAUCES & RUBS)

味の基本アイテム（ソースとラブ）

極上の塩と挽きたてのコショウを少々――バーベキューの味つけにはそれだけで十分という場合もあるでしょう。でも、アウトドア料理をまったく新しいレベルに引き上げてくれるスパイスはほかにもたくさんあります。この章では、バーベキューのおいしさを数段アップさせ、食材ひとつひとつに個性と魂を与える「基本のシーズニング――ソースやラブ」のつくり方を紹介します。バーベキュー料理の前提となる味つけのエレメントであり、本書の多くのレシピでもこれを基本として使用します。

スーパーに行けば市販のソースやマリナード、ラブがいくらでも売られていますし、十分おいしい商品もありますが、クリエイティブなバーベキューを楽しむなら、手づくりシーズニングこそが最大のポイントです。

ここで紹介するソースはいずれも私の店「チャコール」の定番シーズニングとして、すべてのテーブルにあらかじめ用意し、料理に合わせてゲストが好きなようにかけたり、混ぜたりできるようにしています。その一部はマリナードとして仕込みに使う、あるいは焼いている間に肉の表面にぬるといった使い方もします。

マリナードやソースは、風味にパンチを加えてくれるもの。同時に、そこに含まれるレモン果汁やビネガー、ワインなどの酸が肉の繊維を壊してやわらかくする効果があります。さらに、肉を焼き上げている最後の段階でソースを刷毛でぬれば、色やつや、よりいっそうの風味も加えてくれます。

ドライラブは、基本的に塩と砂糖とスパイスをミックスしたものです。食材にラブをかけてグリルすることは、風味を高めるための、そして豚肉や牛肉、魚、野菜に「クラスト＝表面のカリカリ」をつけるためのもっとも手っ取り早い方法です。なお、スパイス系のラブには必ず新鮮なスパイスを使い（その香りや効能を生かすには２～３カ月以内に使い切るのがベスト）、熱源から離れた場所で保存してください。

どうぞここに紹介するレシピを出発点として、身近にある材料を使って自家製ラブに挑戦してください。いろいろ試すうちにあなた自身の「フレーバー・プロファイル」ができるはずです。バランスのとれたドライラブのベースにはつねに、人類がもっとも古くから親しんできた二つの調味料――塩と砂糖があることを忘れずに。この二つに加える形でフレーバーを構築するのがコツです。

J1 Steak Sauce

J1ステーキソース

ティーンエイジャーの頃は友人たちと朝早くからサーフィンざんまいでした。お腹が空いたらサンタモニカの小さなカフェへ。私が頼むのはたいていステーキ＆エッグで、ステーキはミディアムレア、卵は目玉焼きがお決まりでした。何しろまだ子どもですから、A1ソース（市販のステーキソース）をじゃぶじゃぶかけて、皿に残ったソースをトーストしたサワードゥブレッドでぬぐって食べるところまでが定番。そしてシェフとなり、この懐かしい味を再現しつつ、そこにうま味と塩気のパンチを加えた自家製バージョンをつくりました。材料が多くて一見むずかしそうですが、入手しにくいものはありません。つくり方は超シンプルで、市販品よりもずっと味わい深い。小分けにして冷凍しておけばいつでも使うことができます。ステーキのマリネ用にも、朝食の卵料理にふりかけるにも完璧なソースです。

材料：約3カップ分

ケチャップ　240ml
ディジョンマスタード　120ml
イエローマスタード　120ml
ゴールデンレーズン　1/2カップ
バルサミコ酢　60ml
アップルサイダービネガー　60ml
オレンジ果汁（搾りたて）　120ml
ウスターソース　240ml
ダークブラウンシュガー　1/2カップ（密に／110g）
マッシュルーム（汚れをふき取って薄切り）　5個
アンチョビーフィレ（油をきる）　4枚
ニンニク（芽を取り除き、つぶす）　3片
エシャロット（薄切り）　2本
タラゴンの葉　1/4カップ
セロリシード　大さじ1
塩（細粒）　大さじ1
黒コショウ（挽きたて）　小さじ1
クローブパウダー　小さじ1/2
シナモンパウダー　小さじ1/2
カイエンヌペッパー　小さじ1/2

1　ソースパンを強めの中火にかける。ケチャップ、水120ml、2種類のマスタード、レーズン、2種類のビネガー、オレンジ果汁、ウスターソース、ブラウンシュガーを入れ、木べらでかき混ぜる。マッシュルーム、アンチョビー、ニンニク、エシャロット、タラゴンの葉、セロリシード、塩、黒コショウ、クローブ、シナモン、カイエンヌペッパーを加える。よくかき混ぜ、沸騰したら弱火にする。蓋はせず、ときどきかき混ぜてブラウンシュガーを溶かし、ソースにややとろみがつくまで20～25分間煮詰める。

2　**1**のソースをブレンダーの容器の半分まで注ぎ入れる（必要に応じて何回かに分ける）。低速度で数秒間回し、中速度に変えて完全になめらかになるまで混ぜ合わせる。耐熱ボウルにのせた目の細かい漉し網にソースを注ぎ、木べらの背で固形物をつぶしながら漉す。網に残った固形物は捨てる。

3　密閉容器や瓶に入れて冷蔵庫で保存する。冷蔵で約2週間、冷凍で約3カ月間の保存が可能。

NOTE：ニンニクの芽を取る
ニンニクの芯にある緑色がかった芽には苦みがあり、焦げやすく消化不良にもつながるので取り除くほうがよい。工程を省きたければそれでもかまわないが、取り除くなら1かけを縦半分に切り、包丁の刃でえぐり取る。

スモークパプリカ風味のチミチュリ、
マスタードシードのピクルス

J1ステーキソース

赤ワインとチポトレの
バーベキューソース

Smoked Paprika Chimichurri
with Pickled Mustard Seeds

スモークパプリカ風味のチミチュリ、
マスタードシードのピクルス入り

アルゼンチン料理には欠かせないハーブソース、チミチュリ。キリッとしたビネガーの酸味とフレッシュな“草”風味がせめぎ合っている感じが大好きで、私の店「チャコール」でも定番シーズニングのひとつです。店の裏庭にあるハーブガーデンをきっかけにスタンダードなチミリュリをつくりはじめたのですが、さらに別の要素を組み合わせて使うようになりました。そのひとつがマスタードシードのピクルスで、チミチュリに面白い食感を加えてくれます。そのほかにも組み合わせのバリエーションは無限です。フレッシュハーブは好みや入手できるものに応じて自由に変えてください。チミチュリはマリナードとしても使えますし、あらゆる牛肉料理の付け合わせになり、淡白なシーフードにもよく合います。

基本のチミチュリ

材料：約2カップ分

イタリアンパセリの葉　2カップ（密に）
セルバチコ（茎を取り除く）　1カップ（密に）
オレガノの葉　3/4カップ（密に）
タイムの葉　1/4カップ
ローズマリーの葉　大さじ2
セージの葉　大さじ1
ニンニク（芽を取り除き、粗みじん切り）　7片
ディジョンマスタード　大さじ2
スモークパプリカパウダー　大さじ2
エスペレット唐辛子（p.38）または
　カイエンヌペッパー　小さじ2
塩（細粒）　大さじ2（好みで足す）
白ワインビネガー　大さじ3
バニュルスビネガー（p.38）　大さじ3
レモン果汁　1個分
マスタードシードのピクルス（p.38）　1/4カップ
エシャロット（みじん切り）　小2本
E.V.オリーブ油（できればアルベキーナ種）　240ml
レモンバーベナまたは
　ナスタチウムの葉（好みで/みじん切り）　1/4カップ

1　フードプロセッサーにイタリアンパセリ、セルバチコ、オレガノ、タイム、ローズマリー、セージ、ニンニクを入れ、パルス機能を使って全体を粗くきざむ（または手作業でみじん切りにする）。マスタード、スモークパプリカ、エスペレット、塩を加え、再びパルスして混ぜ合わせる。2種類のビネガー、レモン果汁、適量の水を加え、全体が混ざってもったりとするまで混ぜる。

2　ボウルに移し、マスタードシードのピクルス、エシャロット、E.V.オリーブ油を加えてよく混ぜる。味をみて必要であれば、塩を加える。

3　使用時にレモンバーベナを加えてさっくりと混ぜる。密閉容器に入れて冷蔵庫で約1週間の保存が可能。

Pickled Mustard Seeds

マスタードシードのピクルス

私はマスタードシードのピクルスのプチプチ感が大好き。ふっくらとして、甘く、酸味があり、キャビアのように歯と歯の間でひと粒ひと粒がはじけます。スプーン１杯のマスタードシードのピクルスはソースやビネグレットに躍動感を与え、ソーセージやチーズボードにおいては最高の薬味になります。

材料：約1/2カップ分

イエローまたはブラウンマスタードシード
（またはそのミックス） 1/2カップ
シャンパンビネガー 1カップ
スパークリングワイン（カバ、プロセッコなど）
1カップ

1 マスタードシードを小ぶりの密閉容器または瓶に入れ、ビネガーとスパークリングワインの各半量を注ぐ。しっかりと密閉して冷蔵庫で5日間おく。

2 ざるに上げ、漬け汁は捨てる。

3 漬けたマスタードシードを小さめのソースパンに入れ、残り各半量のビネガーとスパークリングワインを加えて中火にかけ、沸騰したら火を弱め、弱めの中火で5～7分間、マスタードシードがぷっくりして約2倍の大きさになるまで煮る。

4 火から下ろして冷まし、煮汁ごと密閉容器に入れる。冷蔵庫で約2週間の保存が可能。

NOTE：エスペレット唐辛子（ピマン・デスペレット）
フランス、バスク地方で栽培されている細長い赤唐辛子。一般的には、乾燥させて粉末にしたものが流通している。辛さはホットパプリカやカイエンヌペッパーと同じぐらいで、辛すぎず、フルーティな風味を料理に加えてくれる。カイエンヌペッパーで代用できるが、ぜひこのすばらしいスパイスを常備することをおすすめしたい。

NOTE：バニュルスビネガー
南フランスの海沿いで生産されている甘口ワイン、バニュルスからつくられる。バルサミコとシェリービネガーを掛け合わせたような味わいだが、それほど甘くなく、まろやか。オーク樽で5年以上熟成させることで、スムーズでナッティな酸味とフレーバーが生まれる。

Red Wine Chipotle Barbecue Sauce

赤ワインとチポトレのバーベキューソース

手づくりバーベキューソースはアウトドア料理の必需品。私も店と自宅の冷蔵庫に常備しています。赤ワインの深み、パプリカパウダーの繊細なスモーキータッチ、そして唐辛子のスパイシーさが渾然一体となったこのトマトベースのバーベキューソース（ケチャップは使いません）は甘すぎる市販品ではけっして味わえない逸品です。そのおいしさのポイントとなるキー材料は、チポトレ（熟したハラペーニョを乾燥させ、燻製にしたもの）。豚肉、鶏肉、牛肉どれでも、そしてすべてのリブ料理によく合います。ボトルに残った赤ワインは食卓でのお楽しみにどうぞ。

材料：約1リットル分

グレープシード油　大さじ2
玉ネギ（小角切り）　中1個
ニンニク（芯を取り除き、みじん切り）　2片
塩（細粒）　適量
トマトペースト　120ml
赤ワイン（カベルネソーヴィニヨンなどのドライなタイプ）　340ml
バルサミコ酢　280ml
カットトマトの缶詰（汁ごと使用）　400g缶2個
ダークブラウンシュガー　1カップ（密に／220g）
チポトレのアドボソース漬け*（みじん切り）　1個
アンチョチリペッパー*（乾燥唐辛子/軸と種を取る）　1本
スモークパプリカパウダー　小さじ2
ローリエ　1枚（できればフレッシュ）

＊**チポトレのアドボソース漬け**：チポトレ（乾燥ハラペーニョのスモーク）をトマトベースのソースに漬け込んだ製品。缶詰のものが輸入されている。
＊**アンチョチリペッパー**：大ぶりの乾燥赤唐辛子。真っ赤に熟したポブラノペッパー（p.61）を乾燥させたもので、辛みはなく、香り高く、甘みとコクがある。メキシコ食材店やネット通販などで入手可能。粉末（アンチョパウダーなどの名称）を使う場合は小さじ２程度で。

1　ソースパンを中火にかけてグレープシード油を引き、玉ネギとニンニクを入れて塩をふる。香りが立って色づくまで、かき混ぜながら炒める（約2分間）。トマトペーストを加え、焦げつかないように頻繁にかき混ぜながら3～4分間炒めて玉ネギとなじませる。赤ワインを加えてデグラッセし、半分の量になるまで煮る（約5分間）。

2　バルサミコ酢、トマト、ブラウンシュガー、チポトレ、アンチョ、スモークパプリカ、ローリエを加えて混ぜ、沸騰したら弱火にする。蓋をせず、焦げつかないようにときどきかき混ぜながら、軽くとろみがつくまで煮詰める（約1時間）。ローリエを取り出す。

3　このソースをブレンダーの容器の半分まで注ぎ入れる（必要なら何回かに分ける）。低速度で数秒間回したら、中速度に変えて完全になめらかになるまで混ぜ合わせる。これを、耐熱ボウルにのせた目の細かい漉し網に通し、木べらの背で固形物をつぶしながら漉す。網に残った固形物は捨てる。

4　ソースを密閉容器や瓶に入れて冷蔵庫で保存する。冷蔵で約10日間、冷凍で約3カ月間の保存が可能。

Basque Vinegar

バスクビネガー

サンタモニカの高校を卒業した私は、料理人としての一歩を踏み出し、伝統的なフランス料理を学ぶためにパリに向かいました。職を得たのは食の都でも有数の一流レストランの厨房です。パリの多くの場所がそうであるようにこの店も8月はバカンスで休業で、私は美しい砂浜とビッグウェーブで知られるフランス南西部バスク地方のビアリッツに、サーフィン旅行に出かけました。そのとき地元の友人が連れて行ってくれたのが、素敵なタパスバル「ラ・タンティーナ・ド・ブルゴス」です。店内のすべてのテーブルに置かれていたのがインフューズドビネガーで、私はその香り高さにすっかり惚れ込んでしまいました。今では自分の店のすべてのテーブルに、私バージョンのビネガーを置いています。肉の脂っこさを中和するのに最適なので、肉料理にディップ用の小皿に入れて添えてください。サラダのドレッシングにもなりますし、普通の酢に代わりにいろいろな料理レシピで使えます。

材料：約4カップ分

黒コショウ粒　大さじ1
フェンネルシード　大さじ1
コリアンダーシード　大さじ1
タイム　4枝
ローズマリー　2枝
ローリエ（できればフレッシュ）　2枚
ニンニク（皮付き）　3片
エシャロット（皮をむいて4つ割り）　小2本
レモングラスの茎
（外側の硬い皮をむいてつぶす）　1本
ニンジン（細切り）　小1本
ショウガ（皮をむいて細切り）　1片
乾燥赤唐辛子
（チレ・デ・アルボルなど／下記NOTE）　1本
ホワイトビネガー（蒸留酢）　600ml

1　ソテーパンを弱火にかけ、黒コショウ粒、フェンネル、コリアンダーを入れ、焦げないようにときどき揺すりながら、香りが立つまで乾煎りする（約5分間）。

2　煎ったスパイスをガラス瓶（口にポアラーをはめられるもの、ウイスキーの空き瓶など）に移す。タイム、ローズマリー、ローリエ、ニンニク、エシャロット、レモングラス、ニンジン、ショウガ、乾燥赤唐辛子を入れ（瓶の口を通らないものはきざむ）、ビネガーと水120mlを注ぎ入れる。口にポアラーをはめ、3～5日間室温において、ハーブとスパイスをインフューズする。フレーバーはねかせるほど強くなる。使用後は新たにビネガーを足すとよい。冷蔵庫で約6カ月間の保存が可能。。

NOTE：チレ・デ・アルボル
小ぶりな乾燥赤唐辛子。カイエンヌペッパーと同レベルの辛みがある。同ペッパーで代用可。

Jefferson's
Reserve
Jefferson's
Reserve
Groth Reserve Cask Finish
Extra matured in French
Oak casks which
previously held Groth
Cabernet Sauvignon.
MASTER BLENDER
Very Old
Kentucky Straight Bourbon Whiskey
Very Small Batch
45.1% Alc./Vol. (90.2 Proof) • 750 ML

Charcoal Ketchup

チャコールケチャップ

アメリカ人なら、誰でも必ず冷蔵庫にケチャップを常備しているはず。市販品を買うほうがラクにきまっていますが、手づくりケチャップの味わいには手間をかけるだけの価値があります。風味にもテクスチャーにも複雑さと深みがあり、しかもコーンシロップは不使用。ぜひつくってみてください。そしてどうぞ、「これは秘密のマイレシピ」と自慢してくださってかまいません。基本的な調理器具だけで1時間もあればつくれるので、煮込んでいる間にときどきかき混ぜることさえ忘れなければ、あなたも今日からケチャップづくりの名人です。スパイスの量は好みで調整してください。

材料：約1リットル分

スモークパプリカパウダー　小さじ1/2
マスタードパウダー　小さじ1/2
クミンパウダー　小さじ1/2
コリアンダーシードパウダー　小さじ1/2
クローブパウダー　小さじ1/4
シナモンパウダー　小さじ1/4
オールスパイスパウダー　小さじ1/4
ジンジャーパウダー　小さじ1/4
グレープシード油　大さじ2
玉ネギ（1.3cm幅のスライス）　中1個
ニンニク（芽を取り除き、つぶす）　5片
塩（細粒）　適量
トマトペースト　340g
ホールトマトの缶詰（汁ごと使用）　400g缶3個
赤ワインビネガー　120ml
タバスコ　大さじ2
ケイパー（小粒）　大さじ2
ダークブラウンシュガー　大さじ5（密に）
乾燥オレガノ　小さじ1/4
黒コショウ（挽きたて）　適量
レモン果汁　1個分

1　ソテーパンを弱めの中火にかける。すべてのスパイスを入れ、焦げつかないようにときどき揺すりながら、香りが立つまで乾煎りする（約5分間）。

2　ソースパンを中火にかけ、グレープシード油を引く。玉ネギとニンニクを入れ、塩をふる。飴色になるまで、かき混ぜながら約5～7分間炒める。トマトペーストを加え、焦げつかないよう頻繁にかき混ぜながら、玉ネギとなじむまで炒める。弱火にして、煎ったスパイスを加え混ぜる。

3　ホールトマト、赤ワインビネガー、タバスコ、ケイパーを加え、かき混ぜながら2分間煮る。ブラウンシュガー、オレガノ、黒コショウを加え、強めの中火にして煮立てる。ときどきかき混ぜながら、ソースにつやが出てとろみがつくまで煮る（約30分間）。

4　**3**をブレンダーの容器の半分まで入れる（必要なら何回かに分ける）。低速度で数秒間回したら、中速度に変えて完全になめらかになるまで混ぜ合わせる。レモン果汁を搾り入れ、塩、コショウで好みに味をととのえる。

5　耐熱ボウルにのせた目の細かい漉し網に4を入れ、木べらの背で固形物をつぶしながら漉す。網に残った固形物は捨てる。耐熱ボウルを氷を入れたボウルに浸けてすぐに冷やす。密閉容器に入れて冷蔵で約3週間、冷凍で約3カ月間の保存が可能。

California Chili Sauce

カリフォルニアチリソース

タイ風のチリソース「シラチャー」を自家製してみたら、スパイシーさとニンニク風味の加減が絶妙で、しかも市販品よりもずっとさっぱりした、フレッシュ・アンド・フルーティなソースができあがりました。ここで重要なのは発酵のプロセスで、これにより独特な風味とコクとの繊細なバランスが生まれます。今回使用したフレズノペッパーは我がカリフォルニア州が原産の赤唐辛子（大きさやフレーバー、辛さのレベルが似ていることから「赤いハラペーニョ」とも呼ばれます）で、ほのかなスモーキーさをソースに与えてくれます。マヨネーズやサワークリームに少し混ぜたり、デビルドエッグや鶏手羽、チリビーンズ、マカロニチーズに添えたり……いつもの料理がよりイキイキとおいしくなります。

材料：約2カップ分

フレズノペッパー*（生唐辛子／ヘタを取る）　450g
ライトブラウンシュガー　1/2カップ（密に／110g）
ニンニク（芽を取り除き、つぶす）　6片
塩（細粒）　大さじ1
ホワイトビネガー（蒸留酢）　120ml

＊フレズノペッパー：直径約1㎝、長さ3～4㎝の赤い唐辛子。日本では入手困難なので、好みのフレッシュ赤唐辛子で代用（激辛すぎる場合は種を除く）を。「生ハラペーニョを一部ミックスする手もあると思います。生ハラペーニョ単一でつくれば緑のソースになります」（米澤）

1　フードプロセッサーにフレズノペッパーを入れ、ブラウンシュガー、ニンニク、塩を加える。パルス機能を使って回し、粗く混ぜ合わせる（約1分間）。

2　大きめの密封可能な広口ガラス瓶に移し、ガーゼ2～3枚で覆う。そのまま室温で2～3日間、ぶくぶくと泡が出て発酵するまでおく。この間、分離しないように必ず1日1回は瓶に蓋をしてよく振る。振った後は、ガーゼを新しいものに換える。

3　発酵したソースをブレンダーに入れ、ビネガーを加える。中速度で完全になめらかになるまで混ぜ合わせる。ソースパンに移して強めの中火で煮立てる。沸騰したら弱火にし、（蓋はせずに）ときどきかき混ぜながら、ややとろみがつくまで静かに煮詰める（約10分間）。完全に冷ます。

4　密閉容器や瓶に入れて冷蔵庫で保存する。冷蔵で約1カ月間、冷凍で約3カ月間の保存が可能。

Hibiscus Flower Rub

ハイビスカスフラワーのラブ

深い赤紫色をした、乾燥のハイビスカスフラワー。色や酸味がクランベリーやザクロを思わせ、甘酸っぱいベリーのようなフレーバーが特徴です。スペイン語でハマイカ。メキシコでポピュラーな甘いドリンク「アグア・フレスカ」の材料としても一般的で、タコス店ではおなじみの存在です。中南米の市場やスーパーでは、しばしば他のスパイスやハーブとブレンドしたティーバッグも売られています。このラブは、ハイビスカスのフローラル・フルーティな香りと、3種のコショウの強いながらも繊細なニュアンスとのバランスがとてもよく、とくに魚に合いますが、ホタテやロブスターの味も引き立ててくれます。

材料：約1カップ分

ヒハツ（下記NOTE）　10個
黒コショウ粒　大さじ1
ピンクペッパー粒　小さじ2
グリーンペッパー粒　小さじ1
乾燥ハイビスカスフラワー　1/2カップ
ライトブラウンシュガー　1/4カップ（密に）
塩（細粒）　大さじ3
スイートパプリカパウダー　小さじ2
エスペレット唐辛子（p.38）
　またはカイエンヌペッパー　小さじ1

1　ソテーパンを弱めの中火にかけ、ヒハツとすべてのコショウ粒を入れる。焦げないようにときどき鍋を揺すりながら、香りが立つまで乾煎りする（約5分間）。清潔なスパイスグラインダーまたはコーヒーミルに入れ、ハイビスカスフラワーを加えて粗めのパウダー状に挽く。

2　**1**を小ボウルに移し、ブラウンシュガー、塩、パプリカ、エスペレットを加える。スプーンで混ぜて均一にし、密閉容器に移す。常温で約3カ月間の保存が可能（コンロなどの熱の影響を受けない場所で保存すること）。

NOTE：ヒハツ

別名ロングペッパー、ジャワナガコショウなど（英名はJavanese long pepper/Indonesian long pepper）。松かさの形状に似た細長いコショウの一種。スパイシーすぎず、ほのかにナツメグやシナモンを思わせる、温かみのあるフルーティでムスキーな香りがある。独特なフローラルな風味がハイビスカスとの相性がよく、他にはない特別なラブになる。グルメスーパーやオンラインで入手が可能。

Sweet and Hot Seafood Rub with Jalapeño

スイート＆ホットシーフードラブ、ハラペーニョ入り

一般に流通しているバーベキューラブの多くは、肉用に配合されているため、魚には重すぎることがほとんどです。そこで、グリルしたシーフードの味を引き立てるラブをつくりたいと考えました。このラブは、スパイスとハーブの加減が絶妙で、魚の繊細さを損なうことがありません。魚の表面にすり込むと、外側にはパリっとした食感が加わり、身には香りがしみ込む。シンプルな魚料理にパンチを加えてくれるこのラブは、メカジキ、ホッキョクイワナ、マグロ、海老などの身の厚いシーフードにとくにおすすめです。

材料：約1/2カップ分

ダークブラウンシュガー　大さじ4（密に）
ハラペーニョパウダー　大さじ3
山椒パウダー（下記NOTE）　小さじ1
スモークパプリカパウダー　小さじ1
乾燥オレガノ　小さじ1
セロリシード　小さじ1
塩（細粒）　小さじ1
コリアンダーシードパウダー　小さじ1/2
ガーリックパウダー　小さじ1/2

1　ボウルにすべての材料を入れ、よく混ぜて均一にする。ガラス瓶や密閉容器に移す。常温で約3カ月間の保存が可能（コンロなどの熱の影響を受けない場所で保存すること）。

NOTE：山椒
日本原産のスパイスで、ジャパニーズペッパーと呼ばれる。このラブにおいては、シーフードの淡白な味わいを壊すことなく、生き生きとした柑橘の風味を加えている。コショウ科の仲間ではないが、ピリっとしてほのかにスパイシーで、同様の使い方ができる。

Lemon Pepper

レモンペッパー

レモンペッパーは、私の母のお気に入り調味料でした。いつもシェーカーに常備して、夕食の時間になると棚から取り出して何にでもふりかけていました。実際、レモンペッパーは、脂質を加えずに鶏肉や魚、その他の肉や野菜に酸味とスパイシー感を足してくれる最強の存在です。「マムズ・ハニーチキン」(p.97)のキー材料でもあります。市販のアレンジスパイスもありますが、ひと手間かけて手づくりするとフレッシュな香りを楽しめます。

材料：約1/2カップ分

黒コショウ粒　小さじ1
フェンネルシード　小さじ1
コリアンダーシード　小さじ1
乾燥レモンピール　1/4カップ
ダークブラウンシュガー　大さじ1（密に）
クエン酸（食品用）　小さじ2
塩（細粒）　小さじ1/2
オニオンパウダー　小さじ1/4
ガーリックパウダー　小さじ1/4
山椒パウダー（p.44）　小さじ1/4

1　小さめのスキレットを弱火にかけ、黒コショウ粒、フェンネル、コリアンダーを入れ、焦げないようにときどき揺すりながら、1分間乾煎りして香りを立たせる。

2　清潔なスパイスグラインダーまたはコーヒーミルに入れ、粗めのパウダー状に挽く。

3　小ボウルに移し、レモンピール、ブラウンシュガー、クエン酸、塩、オニオンパウダー、ガーリックパウダー、山椒を加える。均一になるまでよく混ぜ、ガラス瓶や密閉容器に移す。常温で約3カ月間の保存が可能（コンロなどの熱の影響を受けない場所で保存すること）。

Fermented Black Bean Rub

豆豉のラブ

豆豉（トウチィ）は、かすかに刺激を帯びた独特の香り——“主張の強い醤油”と言えそうな——をもつ食材です。私がこの塩からい黒い宝石に初めて遭遇したのは、1990年代初め、ウルフギャング・パックのレストラン「シノワ・オン・メイン」のキッチンで働いていたときで、以来、さまざまな料理に用いてきました。ここでは、豆豉をオーブンでゆっくり乾燥させて風味を凝縮させてからパウダー状に挽いて使います。でき上がったチャコール色のラブは、「ラムスペアリブのスモーク、豆豉風味、焦がしワケギのビネグレット」（p.200）には不可欠で、ほかにも、ハンバーグやミートローフ用の牛挽き肉にシーズニングとして加えると（その場合はブラウンシュガーを省く）と、一段とコクがアップします。

材料：約2カップ分

豆豉（下記NOTE）　1/2カップ
ライトブラウンシュガー　1/2カップ（密に）
塩（細粒）　1/3カップ
黒コショウ（挽きたて）　1/3カップ
スモークパプリカパウダー　1/3カップ

1　オーブンを90℃に予熱する。天板にクッキングシートを敷く。

2　豆豉を天板に均等に広げ、オーブンに入れる。途中ときどき天板を揺すりながら、触ってもベタベタしない程度に乾くまで加熱する（約1時間）。冷ましてから清潔なスパイスグラインダーまたはコーヒーミルに入れ、細かいパウダー状に挽く。

3　ボウルに移し、ブラウンシュガー、塩、黒コショウ、スモークパプリカを加える。全体が均一になるまでよく混ぜ、ガラス瓶や密閉容器に移す。常温で約3カ月間の保存が可能（コンロなどの熱の影響を受けない場所で保存すること）。

NOTE：豆豉（発酵ブラックビーンズ）

ブラックビーンズと言っても、メキシコ料理などで使う黒インゲン豆とは異なり、醤油や味噌にも使われる黒大豆が原料。塩漬け発酵させることでやわらかく、風味濃く、うま味の強い調味料となる。中国料理の基本調味料のひとつであり、炒めものに使われることが多い。このレシピのようにいったん乾燥させてパウダー状に挽くと、甘みのある独特の風味がきわだって使いやすくなる。

Dried Porcini Rub

乾燥ポルチーニのラブ

肉々しいテクスチャーと豊かなアロマが尊ばれるキノコの王様、ポルチーニ。フレッシュには土臭い甘みが、乾燥させたものには濃密なムスキー香があります。フレッシュはとても高価で入手も困難ですが、乾燥ポルチーニは広く流通しているので、これを使ってうま味がぎゅっと詰まった超絶リッチなラブをつくります。材料のブラウンシュガーは、乾燥によって失われたポルチーニの天然の甘みをよみがえらせ、 肉の表面でキャラメリゼされてステーキハウス風の香ばしいクラストをもたらします。唐辛子フレークは、ピリ辛好きの人のために。なおこのラブの暗褐色は、肉の焼き色とまぎらわしいので、グリルの際は焼き加減を見誤らないようご注意を。フィレ・ミニヨンやプライムリブなど、すべてのタイプのステーキに使えますが、本書では「ポルチーニ風味のニューヨークストリップ」(p.108)に、すばらしく洗練された風味を加えています。

材料：約1/2カップ分

乾燥ポルチーニ　30g
黒コショウ粒　大さじ1
ダークブラウンシュガー　大さじ3（密に）
唐辛子フレーク　小さじ2
乾燥タイム　小さじ1
塩（細粒）　小さじ1

1　ポルチーニと黒コショウ粒を清潔なスパイスグラインダーまたはコーヒーミルに入れ、細かいパウダー状に挽く。

2　小ボウルに移し、ブラウンシュガー、唐辛子フレーク、タイム、塩を加えて、均一になるまで混ぜる。ガラス瓶や密閉容器に移し、常温で約3カ月間の保存が可能（コンロなどの熱の影響を受けない場所で保存すること）。

Black Sage Rub

ブラックセージラブ

松を思わせるセージの香りを、活性炭のほのかなスモーキー香がぐっと引き立てます。目を引く真っ黒な色と、大胆な味わいが特徴的なこのラブは、すべての鳥肉（とくにターキー）、そして仔羊や豚にもよく合います。祝日のディナーでバターナッツカボチャのローストにふりかけるのもおススメです。

材料：約1/2カップ分

セージパウダー　大さじ2
ライトブラウンシュガー　大さじ2（密に）
塩（細粒）　大さじ2
活性炭（粉末／下記NOTE）　大さじ1
エスペレット唐辛子（p.38）
　またはカイエンヌペッパー　小さじ1
スモークパプリカパウダー　小さじ1

NOTE：活性炭

解毒作用があり天然の浄化剤と呼ばれる活性炭は、近頃は料理素材としてもインスタグラム等で注目されている。その多くはココナッツの殻や木材を超高温で加熱処理した際の副産物で、食品グレードの活性炭は土臭さとややスモーキーな風味をもち、色は漆黒。本書レシピでは粉末を使用している。健康食品店、高級食料品店、オンラインなどで入手できる

1　ボウルにすべての材料を入れ、均一になるまでよく混ぜる。ガラス瓶や密閉容器に移し、常温で約3カ月間の保存が可能（コンロなどの熱の影響を受けない場所で保存すること）。

Coffee Rub

コーヒーのラブ

コーヒーベースの土臭さにオレンジ、バニラ、カルダモンの香りが加わり、深く力強いフレーバーをもったラブ。そのコクのある香ばしさはどんな材料をグリルするときにも重宝しますが、とりわけブリスケットやサーロイン、あらゆる種類のリブなど脂ののった肉には最適（この本でいえば「ラムチョップのグリル」p.115）。野菜料理なら、パースニップをオーブンでローストし、調理終了5分前にすり込むと、おもしろいアクセントがつきます。

材料：約1/2カップ分

ライトブラウンシュガー　大さじ2（密に）
バニラビーンズ（縦に割って種をこそげ取る）　2本
コーヒー粉（できればアラビカ種の細挽き）　大さじ3
乾燥オレンジピールパウダー　大さじ2
塩（細粒）　大さじ2
カルダモンパウダー　小さじ2

1　ボウルにブラウンシュガーとバニラの種を合わせる。コーヒー、オレンジピール、塩、カルダモンを加え、全体が均一になるまでよく混ぜる。ガラス瓶や密閉容器に移し、常温で約3カ月間の保存が可能（コンロなどの熱の影響を受けない場所で保存すること）。

OVER THE COALS

炭の上で焼く

バーベキューには人々を結びつける力があるというのが私の信条です。感謝祭のターキーを切り分けるのと同じで、バーベキューも一般的には男の仕事と考えられていますが、その背景には「コミュニティ」や「愛情に満ちた家族」があります。幼い頃の私の最初のバーベキューの記憶は、日曜日のリトルリーグの試合のあとに近所のお宅にうかがったときのもの。友だちのお父さんのフランク・ヒメネスが、片手にミラーライト、もう片方の手には巨大なスパチュラを持ってグリルを仕切り、ご近所中がそこに集まっていた光景です。今でも、どこかでバーベキューをしているらしき煙の匂いがただよってくると、懐かしい思い出がよみがえります。バーベキューは夏の風物詩であり、野外で調理する楽しさを教えてくれるもの。そしてバーベキューで大切なことは「時間」と「注意力」です。

私は、食材と火のマリアージュをことさら複雑にはしたくないので、火床に二つのゾーンをつくるような凝った設定はせずに、ごくシンプルな火床でグリルしています。ちなみに「ツーゾーン・グリル（ツーゾーン・ファイヤー）」とは、焼き台の片側には多めに炭を積み（＝高温・直火加熱ゾーン）、反対側には少なく並べ（＝低温・間接加熱ゾーン）、その両方を使い分けてグリルするというもの。多くの場合、高温ゾーンは骨や皮のない鶏むね肉やフランクステーキなど、薄い肉をさっと焼くのに適しています。一方、低温ゾーンは豚の肩肉のような大きな塊肉にじっくりと火を入れたり、あるいは高温ゾーンで焼いた肉を最後に落ち着かせるために使います。

私に言わせてもらえば、高温ゾーンだけでなんの問題ありません。その場合、肉を頻繁にひっくり返し、定期的に火から離して休ませることがポイントです。そうして表面を焦がさないよう、内部の温度が高くなりすぎ、焼きすぎにならないようにコントロールする。つまり、肉をひっくり返したり火から下ろして休ませることには、間接加熱と同じ効果があるのです。あとは、通気口の開閉と上からかぶせる蓋によって、空気の流れ、炭の燃え上がりや調理温度を調整します。そもそも、大きなグリル台であれば別ですが、コンパクトなサイズのグリル台にツーゾーンをつくるのはむずかしいでしょう。もちろん、ワンゾーンの直火調理にはよりいっそうの注意が必要ですが、でもそれもバーベキューの醍醐味ではないでしょうか。

>>

何より、直火の上で食材をコンスタントにひっくり返しながら焼くほうが、ずっと風味が増します。熱い炭の上にしたたり落ちた肉汁や脂は、いい匂いの蒸気となって立ちのぼり、食材に再吸収されてしっとり感を保たせてくれるからです。この章のレシピで設定するグリルの温度は、150℃から超高温の370℃までさまざまですので、火をおこす前に必ずレシピを読んでください。覚えておきたいのは、温度を上げたければ通気口を開けて酸素を入れること。逆に温度を下げたければ通気口を閉じればよいわけですが、完全に閉じないように。火が消えてしまいます。

もうひとつ大事なことは、グリルのグレート（食材を置く格子または網）のケアです。乾いたグリルブラシを使ってこびりついた焦げつきをこそげ落とし、つねにきれいにしておくこと。この章のほとんどのレシピで、食材が張りつかないよう、熱したグリルに油をぬる必要があります。

グリルで調理することによって、バーベキューでおなじみの肉料理だけでなく、毎日の朝食の卵料理にスモーキーな深みが加わったり、ごく普通の野菜料理が特別な一品になったりもします。なお、本章の料理はすべてガスグリルでも調理できます（炭に関する指示は飛ばして、温度設定の指示のみを適用してください）、ただし、残念ながら炭火ならではの香ばしさやスモーキーさは味わえません。

グリルをはじめよう

チャコールグリルの炭を積むときは、調理中に火が消えてしまわないように、天然木の炭をたっぷり、グリルの底からグレート（食材を置く格子や網）までの半分を満たすぐらいに置きます。私はヒッコリーとオークのミックス、そして可能な限りオーガニックの木炭を使用します。炭は、グリルの直径いっぱいに均等に敷き詰めてください。

火おこしをする前に、通気口が開いていることを確認します。火が燃え続けるためには酸素が必要です。私が火おこしに愛用しているのが、天然木のファイヤースターターです。安価で、チムニースターター（煙突式の着火器）がなくても簡単に火がおこせます。グリルに蓋をしない状態で、ファイヤースターターを炭の真ん中に1本、囲むように3本置き、ガスライターで火をつけます。そのまま10〜15分間、炭が燃えて赤くなるのを待ちます。火のついていない炭があったらグリル用の大きなスパチュラでかき回して、すべての炭に火がつくようにします。手にグローブをはめ、トングを使って慎重にグレートをセットしたら、蓋をして上部の通気口を全開に。空気がグリル内できちんと循環し、煙が逃げるようにします。蓋をしたまま10〜15分間おいて、炎が収まり、炭の表面が白い灰をかぶった感じになれば、準備完了。蓋を開けて、グリルを始めましょう。

炭に木切れを追加する

炭火は、高温の乾いた熱を食材に浴びせますが、それだけではさほど風味が加わるわけではありません。私は料理にほのかな木の香りを加えたいのですが、といって薪だけでグリルするのもなかなかむずかしいものです。そこで、私はグリルするときに、木炭に少量の木切れを加え、両方のいいとこ取りをしています。火をおこす際に、アップルウッド、オーク、ヒッコリーなどの木切れを5〜7個、木炭に加えて混ぜ、一緒に燃やせば完了です。

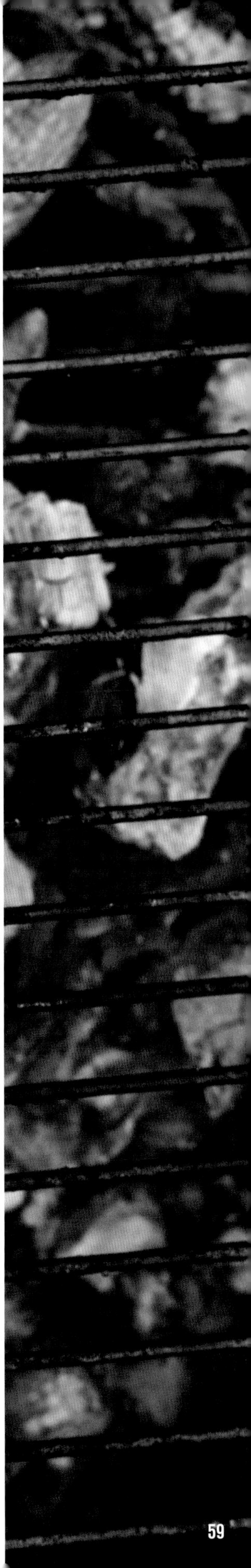

Huevos Rancheros and Grilled Quesadilla with Tomatillo Sauce

ケサディーヤのグリル、ウエボス・ランチェロスとトマティーヨソース

私が生まれ育ち現在も暮らす南カリフォルニア、とくにロサンゼルスは間違いなくアメリカで最高のメキシコ料理が食べられる場所です。ウエボス・ランチェロス＊やケサディーヤ＊を提供する店は数知れず。私はいつもどちらを食べようか悩んだあげく、9割の確率で両方注文することになります。そこでどちらも味わえるよう二つのいいところを組み合わせました。「ランチェロ」は本来赤いソースを指しますが、私が使うのは、心地よい酸味のあるトマティーヨ（食用ホオズキ）でつくるサルサベルデ（緑のソース）。卵とブラックビーンズを引き立ててくれます。お好みなら、ピコ・デ・ガヨ＊を薬味として添えてください。

＊ウエボス・ランチェロス：トルティーヤに卵をのせてピリ辛のトマトソースをかけて焼いたもの。メキシコの朝食の定番。
＊ケサディーヤ：トルティーヤに具（基本はチーズ）をのせて二つ折りにし、揚げたり焼いたりしたもの。
＊ピコ・デ・ガヨ：トマト、玉ネギ、ハラペーニョなどを角切りして、コリアンダー、レモンまたはライム果汁であえたサルサ。

材料：4人分

植物油またはベーコンの脂　大さじ2
玉ネギ（みじん切り）　1/2個
ハラペーニョ（種を除き、みじん切り）　1個
ブラックビーンズ（水煮缶／水をきって洗う）
　440g缶 1個
野菜のスープストック　120ml
コリアンダーの葉　軸6本分
ライム果汁　1個分
塩　小さじ1/4
ポブラノペッパー＊　大2個
コーントルティーヤ（直径約15cm）　8枚
ミックスシュレッドチーズ（タコス・ナチョス用）
　2カップ
卵　大8個
トマティーヨソース（p.60）　適量
コティハチーズ＊（クランブル状にほぐす）　適量
コリアンダーの葉（トッピング用）　適量

＊ポブラノペッパー：フレッシュの青唐辛子。辛みはほとんどなく（ときに辛いものもある）、肉詰め料理などによく使われる。「日本では入手困難なので、緑パプリカで代用」（米澤）

＊コティハ：メキシコ産の牛乳チーズ。塩気があり、モロモロとクランブル状にほぐれる。メキシコ食材店で取り扱いがある。「熟成度にもよりますが、フェタとカッテージチーズの中間の塩気という印象で、トッピングによく使われます。もしフェタが手近にあれば代用しても」（米澤）

1　ソースパンに植物油を引き、中火にかける。玉ネギを入れ、かき混ぜながら透き通るまで炒める（約2分間）。ハラペーニョを加え、しんなりするまでさらに1分間炒める。ブラックビーンズとスープストックを加えて静かに煮立て、豆が鍋底にくっつかないようにときどきかき混ぜながら8～10分間煮る。コリアンダーの葉、ライム果汁、塩を加え、蓋をして極弱火にかけたまま温めておく。

2　チャコールグリルまたはガスグリルを高温（約250℃）に予熱する。

3　キッチンペーパー数枚を重ねて小さく折りたたみ、少量の植物油をしみ込ませて、熱したグリルのグレートに手早く丁寧にぬる。ポブラノをのせ、全体が黒く焦げるまで焼き、熱いままボウルに入れてラップ

>>

フィルムをかける。10分間ほど蒸らし、しんなりしたら皮を手でこすりながらむく。縦半分に切り、芯と種を取り除き、粗みじん切りにする（カップ1/2程度の量ができる）。

4　4枚のトルティーヤにシュレッドチーズとポブラノを等分にのせ、残り4枚をそれぞれにのせてサンドイッチ状にする。グリルに移し、両面を2～3分間ずつ、チーズが溶けてトルティーヤに軽く焦げ目がつくまで焼く。火から下ろし、アルミ箔などをかぶせて保温しておく（＝ケサディーヤ）。

5　卵を目玉焼き、スクランブル、ポーチドなど好みのスタイルで調理する。

6　皿にケサディーヤを置き、**1**のブラックビーンズをスプーンで広げて5の卵をのせ、温めたトマティーヨソースをかける。好みで、コティハとコリアンダーのみじん切りをトッピングする。

Tomatillo Sauce

トマティーヨソース

緑のトマトとも呼ばれるトマティーヨですが、トマトではなくホオズキの仲間。タコスなどのメキシコ料理には欠かせない野菜で、刺激的な酸味がクセになります。なおトマティーヨは、必ず果実を包んでいるガク（さや）を取り除き、皮の表面のねばねばを洗い落としてから使います。もしスモーキーな風味を足したければ、トマティーヨに油をぬり、軽く焦げ目がついてやわらかくなるまでグリルしてから、ブレンダーにかけるといいでしょう。

材料：約1½カップ分

トマティーヨ（ガクを取り除き、縦に4等分）　8個（約450g）
コリアンダーの軸（葉は別の料理に使う）　1束分
アボカド（粗みじん切り）　1個
ニンニク（芽を取り除く）　2片
ハラペーニョ（種を取り除き、みじん切り）　1/2個
グラニュー糖　小さじ1½
植物油またはベーコンの脂　60ml
塩（細粒）　小さじ1/2

1　ブレンダーにトマティーヨ、コリアンダー1/2カップ分、アボカド、ニンニク、ハラペーニョ、グラニュー糖を入れ、なめらかなペースト状にする（必要に応じて何回かに分ける）。

2　ソースパンに油を入れ、強めの中火にかける。**1**を加えて手早くかき混ぜる（油はねに注意）。火を弱めて中火にし、ときどきかき混ぜながら、ソースにややとろみがつき、トマティーヨの生っぽさがなくなるまで煮詰める（約10～15分間）。塩で味をととのえる。蓋をして、極弱火にかけたまま温めておく。このソースは密閉容器に入れて、冷蔵庫で2日間は保存可能。その場合は食べる前に温め直す。

Grilled Chopped Vegetable Salad with Havarti, Bacon Kalamata Olives and Jo-Jo's Vinaigrette

グリル野菜のチョップドサラダ：牛乳チーズ、ベーコン、カラマタオリーブ、ジョジョのビネグレット

サマーサラダの定番、チョップドサラダをグリルした野菜でつくってみました。鮮やかな色とフレーバー、さまざまな歯ごたえがぎっしり。野菜を焦がしたことでまったく新しいサラダになりました。最高のチョップドサラダをつくるコツは、すべての材料を基本的に同じ大きさに切ること。そうしてこそすべての風味をひとくちで味わうことができるのです。私がこのサラダを食べるときは、すべてを一緒に口に入れられるようフォークではなくスプーンを使います。ここでは自分の好きな野菜を盛り込みましたが、好みに合わせて、またその日のファーマーズマーケットで目を引いた野菜を使って、自由にアレンジしてください。冷菜なので、野菜は食べる前日にグリルしてもかまいません。肉料理のサイドディッシュにするのはもちろん、軽く済ませたい日のメインにもなります。

材料：4～6人分

玉ネギ（1.3cmの輪切り）　1個
ポートベロマッシュルーム＊
（石突きを切り落とし、汚れをふき取る）　1個
バルサミコ酢　60ml
E.V.オリーブ油　60ml
塩（細粒）　適量
セロリ（根元を切り落とす）　1本
キュウリ　1本
ズッキーニ（縦半分に切る）　小1本
イエローズッキーニ（縦半分に切る）　小1本
サヤインゲン（ヘタを除く）　225g
ベーコン（3等分する）　8枚
ロメインレタス（縦に4等分し、横にせん切り）　1個
レタス　（縦半分に切り、横に約6mm幅に切る）　1/4個
チェリートマト（縦半分に切る）　約350g
熟成したハバティチーズ＊（角切り）　170g
黒オリーブ（カラマタ種／種を除き縦半分に切る）
1/4カップ
ジョジョのビネグレット（p.64）　120ml
レモン果汁　1/2個分
黒コショウ（挽きたて）　適量

＊**ポートベロマッシュルーム**：傘の直径が10cmほどもある肉厚の大きなキノコ。日本では「ジャンボマッシュルーム」の名で流通している。
＊**ハバティチーズ**：デンマークの牛乳製セミハードタイプチーズ。「ゴーダチーズほか好みのチーズで。プロヴォローネもよいと思います」（米澤）

1　バットに輪切りにした玉ネギとマッシュルームを並べる。バルサミコ酢、E.V.オリーブ油大さじ2、塩を均等にふり、15分間おいてマリネする（玉ネギはばらばらにならないよう他の野菜とは別に処理をする）。セロリ、キュウリ、ズッキーニ、イエローズッキーニにオリーブ油大さじ2を軽くまぶし、たっぷりの塩をふる。

2　チャコールグリルまたはガスグリルを中高温（約200～230℃）に予熱する。

3　グリルに**1**の野菜をのせ、ときどき焼き面を変えながら、火が通って全面に軽く焦げ目がつくまで焼く（野菜によって2～10分間）。皿に移し、粗熱が取れたらラップフィルムをかけて、1時間以上冷蔵庫に入れて冷やす。ここまでは前日に準備してもよい。

4　大鍋に水を張り、たっぷりの塩を加えて沸騰させ

>>

る。サヤインゲンをやわらかくなるまでゆでる（約2分間）。その間にボウルに氷水を用意する。ゆで上げたサヤインゲンを氷水に浸け、完全に冷たくなったらザルに上げて水気をきる。キッチンペーパーで叩くようにして水気をふき取り、3等分に切る。前日に調理して、ラップして冷蔵しておいてもよい。

5　フライパンを中火にかけてベーコンを入れ、カリッとするまでソテーする（約5分間）。キッチンペーパーを敷いた皿に移して油をきる。

6　ロメインレタス、レタスをボウルに入れる。グリルした野菜をすべて同じ大きさに角切りにしてボウルに入れ、サヤインゲン、ベーコン、チェリートマト、ハバティ、オリーブを加え、よく混ぜ合わせる。ビネグレットとレモン果汁を回しかけてあえ、黒コショウをペッパーミル6回転分挽きかける。

Jo-Jo's Vinaigrette

ジョジョのビネグレット

フレンチスタイルのビネグレットは冷蔵庫に常備しておきたいドレッシングのひとつ。ほどよい酸味が野菜のもつ大地の風味を引き立て、アボカドのスライスからあらゆる葉野菜までほぼ何にでも使えます。ちなみに面白半分にネーミングした「ジョジョ Jo-Jo」とは、私の名前ジョサイアとレストラン「チャコール」の総料理長ジョー・ジョンソンを組み合わせたものです。

材料：約500ml分

ディジョンマスタード　大さじ1
ニンニク（芽を除き、叩きつぶしてペースト状にする）　1片
エシャロット（みじん切り）　小1/2本
黒コショウ（挽きたて）　適量
塩（細粒）　小さじ1
バルサミコ酢　60ml
アップルサイダービネガー　60ml
赤ワインビネガー　大さじ2
グレープシード油　240ml
E.V.オリーブ油　120ml
レモン果汁　1/2個分

1　大きめの密封瓶か密閉容器にマスタード、ニンニク、エシャロット、ペッパーミル6回転分の黒コショウ、塩を入れる（油を加える前に塩を入れて溶かしておくことが大切）。3種類のビネガーと水60ml、続いてグレープシード油を加え、蓋をして油が混ざるまで瓶を振る。さらにE.V.オリーブ油とレモン果汁を加え、ビネグレットが完全に乳化するまで振る。冷蔵庫で約6週間の保存が可能。

Grilled Vegetable Hash with Poached Egg and Yukon Potato

グリル野菜とジャガイモのハッシュ、ポーチドエッグのせ

冷蔵庫の残りものを一掃できるこの料理を、私はよくブランチにします。とくに前の晩にワインを飲みすぎたときなどに。野菜室に半端に残った野菜を使いきるのに最適なので、以下レシピを参考にして冷蔵庫の中身と相談してつくってください。アレンジも自在。野菜だけでなくカリカリベーコンを加えてもいいし、感謝祭の後なら残りもののターキーをきざんで加えるもよし。このレシピに関しては、間違ったやり方などありません。卵を目玉焼きにすれば、ヘルシーで満足感のある朝食にもなります。

材料：4人分

ジャガイモ*（こすり洗いしてよく乾かす）
900g（中4～6個）
スティックブロッコリー　225g
マッシュルーム（石突きを切り落とし、汚れをふき取る）
225g（約10個）
ニンジン（端を切り落とす）　中4本
ズッキーニ（縦半分に切る）　大1本
E.V.オリーブ油　大さじ4
塩（細粒）　適量
黒コショウ（挽きたて）　適量
玉ネギ（厚めの輪切り）　1個
赤パプリカ　大1個
イタリアンパセリの葉（みじん切り）　1/2カップ
タイムの葉　6枝分
グレープシード油　大さじ3（必要に応じて足す）
卵　大8個
ホワイトビネガー（蒸留酢）　大さじ1
J1ステーキソース（p.34）または赤ワインとチポトレのバーベキューソース（p.39）　好みで

*ジャガイモ：原文の指定はユーコンゴールド種（長細く、黄色みがかっていて、煮くずれしにくい）。

1　オーブンを220℃に予熱する。ジャガイモにまんべんなくフォークを刺して穴を開け（加熱中に蒸気を逃がすため）、1個ずつアルミ箔でぴっちりと包む。オーブンに入れ、フォークがすっと入るくらいにやわらかくなるまで焼く（約1時間）。

2　スティックブロッコリー、マッシュルーム、ニンジン、ズッキーニにE.V.オリーブ油大さじ2を軽くまぶし、たっぷりの塩をふる。バットに輪切りにした玉ネギを並べ、E.V.オリーブ油大さじ2を回しかけ、塩をふる。

3　チャコールグリルまたはガスグリルを中高温（約200～230℃）に予熱する。

4　**3**の野菜と赤パプリカをグリルにのせ、ときどき焼き面を変えながら、火が通ってやわらかくなり全面に軽く焦げ目がつくまで焼く（焼き時間は野菜によって5～10分間までいろいろ）。焼き上がったら皿に移す。皮を黒く焦がした赤パプリカは、熱いままボウルに入れてラップフィルムをかけ、10分間ほど蒸らす。しんなりしたら皮を手でこすりながらむく。縦半分に切り、ヘタと種を取り除き、みじん切りにする。ここまでは前日に準備してもいい。

5　焼けたジャガイモを縦半分に切り、中身をくり抜いてボウルに入れ、フォークまたはマッシャーでつぶす。グリルした野菜は約6mm角に切り揃え、赤パプリカ、イタリアンパセリ、タイムとともに、ボウルのジャガイモに加える。よく混ぜ合わせ、塩と黒コショウで味をととのえる。

>>

6　25cmのスキレットまたはフッ素樹脂加工のフライパンを強めの中火にかけ、グレープシード油を引く。**5**を4等分にし、1人分を入れてスパチュラで円形に広げ、直径15cmほどのパンケーキ状にする。底がこんがりときつね色になるまで焼いたら（約5分間）、スパチュラで慎重にひっくり返し、もう片面もカリッとしたきつね色になるまで焼く（約5分間）。適宜グレープシード油を足しながら、残り3枚も同じように焼く。焼き上がったハッシュケーキは、低温のオーブンに入れるか、布巾をかぶせて保温する。

7　ポーチドエッグをつくる。広口鍋の半分まで水を入れてビネガーを加え、中火にかけて静かに沸騰させる。卵1個を小さなカップ等に割り入れ、湯に近づけてそっと落とす。卵と卵の間隔を空ければ、一度に2〜3個を同時に調理できる。白身が固まり、黄身が半熟になるまでゆで（約2分間）、キッチンペーパーを敷いた皿に移して水気をきる。

8　ハッシュケーキを皿に盛り、ポーチドエッグ2個をのせて塩と黒コショウをふる。好みでJ1ステーキソースまたは赤ワインとチポトレのバーベキューソースをかける。

Singed Shishito Peppers with Sugar Snap Peas and Citrus Mango Salt

シシトウとスナップエンドウのグリル、シトラスマンゴーソルト添え

繊細な苦みがあって辛みはほとんどない日本の青唐辛子、シシトウ。うれしいことに最近ではファーマーズマーケットや「トレーダージョーズ」「ホールフーズマーケット」などのスーパーにも並ぶようになりました。さっとグリルするだけでおいしいスナックになります。あぶり焼きすると焦げ感のあるフローラル香がきわだちますが、そのスモーキー感を引き立ててくれるのが、しゃきしゃきのスナップエンドウです。仕上げに自家製のシトラスマンゴーソルト（p.67）をかけて、爽やかなアクセントを加えます。

材料：4 ～ 6人分

シシトウ　450g
スナップエンドウ（スジを取る）　225g
E.V.オリーブ油　大さじ3
塩（細粒）　小さじ1/2
シトラスマンゴーソルト（p.72）　1/2カップ

1　チャコールグリルまたはガスグリルを中高温（約200 ～ 230℃）に予熱する。

2　ボウルにシシトウとスナップエンドウを合わせ、E.V.オリーブ油をかけて手でよくあえる。塩をふってさらにあえ、グリルバスケットの中に並べる（適当に混ざり合った状態でOK）。

3　グリルにバスケットをのせ、シシトウとエンドウをそれぞれ向きを頻繁に変えながら、火が通り表面に焦げ目がつくまで焼く（約5分間）。皿に移し、シトラスマンゴーソルト大さじ2であえる。残りのシトラスマンゴーソルトは、人数分の小皿に入れて別添えし、好みでつけてもらう。

Citrus Mango Salt

シトラスマンゴーソルト

材料のアムチュールパウダーは、乾燥させたマンゴーを材料とするフルーティで酸味のあるスパイスで、おもにインド料理で使われています。甘酸っぱいハチミツのような味わいで、レモンやライム果汁代わりに使え、とくに料理に水分を足したくない場合には便利。多目的に使えるこのフレーバーソルトは、柑橘の風味と塩気と甘みのバランスが絶妙で、私は揚げものに」ふりかけるのも好きです。アムチュールパウダーは広く流通しているものではありませんが、インド系のスーパーかオンラインで入手できます。

材料：約1カップ分

アムチュールパウダー＊　大さじ6
塩（細粒）　大さじ4
砂糖　大さじ4
エスペレット唐辛子（p.38）
　またはカイエンヌペッパー　大さじ1
レモン表皮（細かくすりおろす）　1個分
オレンジ表皮（細かくすりおろす）　1個分

＊**アムチュールパウダー**：熟す前の青いマンゴーを乾燥させて粉末にしたもの。インド食材のひとつとしてスパイス店等で扱われている。「マンゴーパウダー」の名称のことも。

1　ボウルにすべての材料を入れ、スプーンを使って全体がなじむまでよく混ぜ合わせる。ガラス瓶や密閉容器に移し、常温で約3カ月間の保存が可能（コンロなどの熱の影響を受けない場所で保存する）。

Charred Brussels Sprouts with Soft-Boiled Egg and Orange-Chili Glaze

芽キャベツの焦がし焼き、半熟卵とオレンジチリグレーズ

芽キャベツが嫌いだという人のほとんどは、グリルした芽キャベツを食べたことがないのだと思います。表面は香ばしく、中はほくほくの芽キャベツに甘くスパイシーなグレーズソースをからめ、とろとろの半熟卵をトッピングしてみてください。おいしさが炸裂します。サイドディッシュによし、ブランチビュッフェに入れるもよし。なお、芽キャベツの調理には、野菜用グリルバスケットを使っています。均一に焦げ目をつけられるうえ、小さな野菜を一度にグリルにのせたり動かしたりできて便利です。

材料：4～6人分

シャンパンビネガー　240ml
メープルシロップ　240ml
無塩バター　大さじ3
カラブリア産唐辛子のオイル漬け*
（下記NOTE／油をきってヘタを除き、みじん切り）　2本
オレンジ表皮（細かくすりおろす）　1個分
オレンジ果汁　1個分
芽キャベツ（端を切り落とし、外側のかたい葉をはがして縦半分に切る）　450g
E.V.オリーブ油　大さじ2
塩（細粒）　適量
ミントの葉（粗みじん切り）　1/4カップ
レモン果汁　1個分
卵（室温に戻す）　大2～3個

NOTE：カラブリア産唐辛子
イタリアのカラブリア州特産の細長い赤唐辛子。燃えるような辛みが料理のエッジを立てるとともに、スパイシーで、フルーティで、ほのかなスモーキー感がある。（アメリカで）一般的に流通しているのはオイル漬けの瓶詰め（おすすめブランドはTutto Calabria）。瓶詰めのチェリーペッパー2個またはフレッシュの赤ハラペーニョ1本で代用可。

1　ソースパンを弱めの中火にかけ、ビネガー、メープルシロップ、バター、唐辛子、オレンジの表皮と果汁を入れて混ぜ合わせる。かき混ぜながら、ソースがとろりとしてスプーンの背にからんでくるまで、約15分間煮詰める。蓋をして、弱火で温めておく。

2　チャコールグリルまたはガスグリルを中高温（約200～230°C）に予熱する。

3　ボウルに芽キャベツとE.V.オリーブ油大さじ2を入れ、手でよくあえる。塩をふり、さらにあえる。

4　熱したグリルに空のグリルバスケットをセットして5分間予熱する。ここに芽キャベツを重ならないように並べ、ときどき焼き面を変えながら、焦げ目がつき、やわらかくなるまで6～8分間焼く。深皿に盛って**1**のソースをかけ、ミントとレモン果汁、塩を加える。アルミ箔などで覆って保温しておく。

5　半熟卵をつくる。ソースパンに湯を沸かし（卵が浸かる量）、卵を静かに湯に沈める。すぐに極小に火を弱め、黄身がとろとろの半熟で白身もやわらかめなら6分間、少しかためにするならさらに1分間ゆでる。引き上げて氷水を張ったボウルに浸け、取り出して丸いほう全体にひびを入れ、流水の下で殻をむく。食べる直前に温め直し、黄身が見えるよう白身の上部1cm弱切り取る。

6　**4**の芽キャベツの皿の中央に、切り口を上にした半熟卵を盛り、E.V.オリーブ油を回しかける。

Grilled Asparagus with Chopped Egg Vinaigrette

アスパラガスのグリル、
ゆざみゆで卵のビネグレット

アスパラガスは春のご馳走のひとつです。子どもの頃は嫌いだったって？　グリルすればミラクルな変貌を遂げます。ほのかに甘みがあって香ばしく、仕上がりにゆで卵のビネグレッドで旨みと酸味とクリーミー感を添えたら完璧です。アスパラガスは茎が太く、かためで、穂先が濃い緑色または紫がかったものを選びます。高温で焼くのに耐えますし、実際、細いアスパラガスよりずっと香り高く仕上がります。その際、茎の根本部分のチェックを忘れずに。乾燥していたりかびていたりしたら、新鮮ではない証拠です。

材料：4～6人分

太いアスパラガス　450g（2～3束）
E.V.オリーブ油　大さじ2
塩（細粒）　適量
ペコリーノ・ロマーノ　適量（好みで）
きざみゆで卵のビネグレット（p75）　1/2カップ

1　チャコールグリルまたはガスグリルを中高温（約200～230℃）に予熱する。

2　アスパラガスのかたい根元を1.5 cmほど折る、または切り取って捨てる。バットなどに重ねずに並べ、E.V.オリーブ油を回しかけてたっぷりの塩をふり、手で転がしながら均等にまぶす。

3　熱したグリルのグレートに（格子状であれば隙間から落ちないよう斜めに）アスパラガスを並べる。均一に火が入るようにトングで転がしながら、火が通ってやわらかくなり、ところどころに軽く焦げ目がつくまで焼く（約8分間）。

4　皿に盛ってペコリーノ・ロマーノをおろしかけ、自然に溶かす。きざみゆで卵のビネグレットを添える。

Chopped Egg Vinaigrette

きざみゆで卵のビネグレット

フランス料理の定番「ソース・グリビッシュ」です。万能ソースで、ローストしたカリフラワーやジャガイモ、さっと焼いたサーモンにはとくによく合います。

材料：約1½カップ分

卵（室温に戻しておく）　大2個
レモン表皮（細かくすりおろす）　1個分
レモン果汁　1個分
塩（細粒）　小さじ1
グレープシード油　60ml
E.V.オリーブ油　60ml
ケイパー（小粒／水気をきる）　大さじ1
コルニション（みじん切り）　大さじ1
イタリアンパセリの葉（みじん切り）　大さじ1
チャイブ（みじん切り）　大さじ1
タラゴン（みじん切り）　大さじ1
チャービル（みじん切り）　大さじ1
エスペレット唐辛子（p.38）
　またはカイエンヌペッパー　小さじ1/4

1　ソースパンに水を入れて沸騰させ、卵を静かに湯に沈め、中火で10分間静かにゆでる。引き上げて氷水に浸け、約5分間おいて中心まで完全に冷やす。殻をむく。

2　ゆで卵を縦半分に切り、黄身と白身に分ける。黄身をボウルに入れてフォークの背でつぶし、水大さじ2、レモン果汁、塩を加え混ぜてペースト状にする。グレープシード油とE.V.オリーブ油を少しずつ加え、マヨネーズ状になるまでミニ泡立て器またはフォークで混ぜ合わせる。ケイパー、コルニション、イタリアンパセリ、チャイブ、タラゴン、チャービル、レモン表皮、エスペレットを加える。白身を粗めにきざんで加え、均一になるまでやさしく混ぜ合わせる。事前につくり置いてもよい。密閉容器に入れて冷蔵庫で2日間の保存が可能。

Blistered Broccolini with Rosemary and Lemon Bread Crumbs

スティックブロッコリーの焦がし焼き、ローズマリーとレモンパン粉がけ

スティックブロッコリーはその名の通り、ブロッコリーによく似ていますが、茎が細長くて花蕾は小さく、ほんの少し甘みが強めであることが特徴です。野菜はグリルすると甘みが凝縮されますが、スティックブロッコリーの場合はさらにナッティな風味が加わります。とても簡単でおいしいので、しょっちゅうつくるお気に入り料理になるはず！

材料：4～6人分

スティックブロッコリー　約700g（3～4束）
ニンニク（芽を除いてみじん切り）　4片
E.V.オリーブ油　大さじ3
塩（細粒）　小さじ1/2
ラー油　大さじ2
レモン果汁　1個分
レモンパン粉（p.77）　1/4カップ
ローズマリーの葉（粗みじん切り）　大さじ2

1　チャコールグリルまたはガスグリルを中高温（約200～230℃）に予熱する。

2　スティックブロッコリーとニンニクをボウルに合わせ、E.V.オリーブ油を回しかけて手でよくあえる。塩をふってさらにあえる。熱したグリルに（格子の隙間から落ちないよう斜めに）並べ、トングで適宜転がしながら、やわらかくなって焦げ目がつくまで8～10分間焼く。皿に移してラー油とレモン果汁を回しかけ、レモンパン粉とローズマリーをまんべんなく散らす。

Lemon Bread Crumbs

レモンパン粉

パスタに食感を加えたり、野菜やシーフードにふりかけたり（p.89「小イカのグリル」）、さまざまに活躍する私の厨房の常備食材です。もし、グルテンフリーダイエット中でパン粉が使えない場合は、市販のパフキヌアを使ってもおいしくできます。

材料：約2カップ分

パン粉　2カップ
パルミジャーノ・レッジャーノ（すりおろし）
　1/4カップ
塩（細粒）　小さじ1/2
黒コショウ（挽きたて）　小さじ1/4
無塩バター　100g
レモン表皮（細かくすりおろす）　2個分

1　小ボウルにパン粉、パルミジャーノ、塩、黒コショウを入れてシリコン製のスパチュラで混ぜ合わせる。

2　ソテーパンを弱火にかけてバターを入れ、泡立たせずにゆっくりと溶かす。**1**のパン粉ミックスを加えて強めの中火にし、カリッとしたきつね色になるまで、スパチュラで絶えずかき混ぜながら炒める。レモン表皮を加え混ぜ、火からおろす。バットなどに広げて冷ます。密閉容器に移して常温で約1週間の保存が可能。

グルテンフリーにする場合

パン粉を市販のパフキヌアに代え、パルミジャーノと塩、黒コショウ、レモンの皮を混ぜ合わせるだけ。パフキヌアはあらかじめ炒ってあるので、バターで炒める必要はない。密閉容器に入れて常温で約1週間の保存が可能。

Grilled Summer Squash with Charred Tomato Sauce and Parmesan

サマースクワッシュのグリル、焦がしトマトソースとパルミジャーノ添え

ロサンゼルスに住んでいると、幸いにも週に2回開かれるサンタモニカ・ファーマーズマーケットでさまざまな食材に出合うことができます。私のもうひとつの店「メリッス」からほんの数ブロック先のこのマーケットには、とくに夏になるとそれはもうたくさんの種類のスクワッシュとトマトが並びます。種類豊富なサマースクワッシュ＊は、形も色もフレーバーもそれぞれとても個性的。ぜひ、ご自分の町のファーマーズマーケットや青果店で見つけたスクワッシュを数種類使ってつくってください。

材料：4～6人分

ズッキーニ（縦半分、横半分に切る）　中2本
イエローズッキーニ（縦半分、横半分に切る）　中2本
パティパンスクワッシュ＊
　（ヘタをつけたまま縦半分に切る）　4個
ベビーズッキーニ（縦半分に切る）　225g
E.V.オリーブ油　60ml
塩（細粒）　小さじ1/2
焦がしトマトソース（p.80／室温に戻す）　1カップ
パルミジャーノ・レッジャーノ　100g
フルール・ド・セル　適量
黒コショウ（挽きたて）　適量

＊**サマースクワッシュ**：夏に旬を迎える、多くはペポカボチャの仲間。代表格がズッキーニで、他にもさまざまな色、形がある。
＊**パティパンスクワッシュ**：直径10～15ｃｍの円盤形のカボチャ（色は白、黄、緑）で、観賞用にも食用にもなる。日本では「パティパンかぼちゃ」と称されていることも。

1　チャコールグリルまたはガスグリルを中高温（約200～230℃）に予熱する。

2　ボウルに各種ズッキーニとパティパンスクワッシュを入れ、E.V.オリーブ油を回しかけて塩をふる。熱したグリルにそれぞれ切り口を下にして並べ、（トングを使って）ときどき焼き面を置き変えながら、やわらかくなって軽く焦げ目がつくまで焼く。歯ごたえが残る程度のやわらかさが望ましいので、焼きすぎないように注意する。焼き上がったものから皿やバットなどに移す。

3　皿に焦がしトマトソースを広げ、グリルした野菜を盛る。パルミジャーノをおろしかける（好みの量に）。フルール・ド・セルを散らし、ペッパーミル3回転分の黒コショウを挽きかける。

>>

Charred Tomato Sauce

焦がしトマトソース

夏の恵みと言えばトマト。生も、グリルも、ローストも大好きです。このシンプルなトマトソースは、グリルしたトマトの自然な甘みをぎゅっと凝縮させていることが最大のポイントで、ズッキーニのような淡白な野菜の魅力をガツンと引き立ててくれますし、ゆでたてのスパゲッティとあえたら、それだけで完璧な夏の軽食になります。材料に使うカステルベトラーノはシチリア産の色鮮やかなグリーンオリーブで、その口当たりのよさ、バターのような風味としっとり感にこのところじわじわと人気が高まっています。最後にアンチョビーとさまざまなフレッシュハーブの香りを加えます。

材料：約2カップ分

トマト＊　大2個
E.V.オリーブ油　120ml
イタリアンパセリの葉（粗みじん切り）　1/4カップ
バジルの葉（粗みじん切り）　1/4カップ
タイムの葉（粗みじん切り）　3枝分
ホワイトアンチョビーフィレのマリネ＊
（水気をきり、みじん切り）　6枚
グリーンオリーブ（カステルベトラーノなど／
種を取ってみじん切り）　6個
赤ワインビネガー　大さじ3
ニンニク（芽を取り除き、すりおろす）　2片
塩（細粒）　小さじ1/2
唐辛子フレーク　小さじ1/2

＊**トマト**：原文の指定は「エアルームまたはビーフステーキトマト」。エアルームは特定の品種ではなく、F1ではない固定種のトマトのこと。ビーフステーキトマトは、果肉がしっかりしてゼリー質の少ないタイプのトマト。
＊**ホワイトアンチョビーのフィレのマリネ**：カタクチイワシのフィレを塩で締め、水洗い後に酢、オリーブ油、ニンニク、ハーブなどで漬けたもの。「ここで使っているのはスペイン製のチルド食品のようです。日本では自家製するか（その場合は酢をきかせすぎないよう）、あるいは通常のオイル漬けアンチョビーで。オイル漬けでも十分においしそう」（米澤）。

1　チャコールグリルまたはガスグリルを高温（約250℃）に予熱する。

2　トマトの皮にまんべんなくE.V.オリーブ油（分量外）をまぶす。熱したグリルにのせ、ときどきひっくり返しながら、全体が黒く焦げ、皮にしわが寄るまで焼く（約10分間）。バットに移し、少し冷めたら皮をむき、ヘタを取る。

3　ボウルに目の細かいザルを重ね、**2**のトマトを入れて5分間ほどおいて水分をきる——ボウルに落ちたトマトの水分は取り置く。果肉を別のボウルに移し、フォークまたはポテトマッシャーで粗めにつぶす。

4　**3**の果肉のボウルにE.V.オリーブ油120ml、イタリアンパセリ、バジル、タイム、アンチョビー、オリーブ、ビネガー、ニンニク、塩、唐辛子フレークを加え、よく混ぜ合わせる。もったりとしすぎていたら取り置いたトマトの水分を加えて、ほどよい濃さに調整する。このソースは密閉容器に入れて冷蔵庫で約1週間の保存が可能。

Grilled Stuffed Portobello Mushrooms with Escarole

肉厚キノコのグリル、エンダイブとクスクス詰め

素朴で簡単で、しかも満足感のあるベジタリアン料理です。大きく、分厚く、テクスチャーが肉感的なポートベロマッシュルームはグリル料理に最適。焼いてパサパサにならないよう、傘にクスクスのミックスを詰めて焼きます。この詰めものがまたおいしく、エンダイブ（あらかじめグリルして苦みをやわらげた）がほのかにスモーキー感を、カランツとナッツが甘みとカリカリ感を加え、風味豊かなレモンビネグレットが全体の味を引き締めて……。これが15分でつくれるなんて！　アペタイザーにもサイドディッシュにも、ベジタリアン向けの軽めのメインにもなります。

材料：4人分

ポートベロマッシュルーム＊
（p.63／石突きを切り落とし、汚れをふき取る）　5個
E.V.オリーブ油　適量
塩（細粒）　適量
エンダイブ（洗って乾かし、芯から半分に切る）　1株
クスクス　1/2カップ
カランツ　1/4カップ
ミントの葉　1/4カップ
松の実（炒る）　大さじ2
レモンビネグレット（p.90）
黒コショウ（挽きたて）　適量
フルール・ド・セル　適量

＊ポートベロマッシュルーム：傘の直径が10cmほどもある肉厚の大きなキノコ。日本では「ジャンボマッシュルーム」の名で流通している。

1　チャコールグリルまたはガスグリルを中温（約180°C）に予熱する。

2　バットにキノコを並べ、たっぷりのE.V.オリーブ油を回しかけて塩をふる。グリルにひだのあるほうを下にして並べ、5分間焼く。そのうち4個を火から下ろしてバットに移す。残り1個は裏返してさらに5分間焼き、詰めもの用にみじん切りする。

3　エンダイブに軽く塩をふり、切り口を下にしてグリルにのせる。きれいな焦げ目がつくまで3～4分間焼く。トングで裏返し、もう片面も2～3分間焼く。まな板に移し、芯を切り取って粗みじん切りにする。

4　小鍋に水120mlと塩小さじ1/4を入れて強火にかけ、沸騰させる。クスクスを入れてかき混ぜ、火から下ろす。蓋をして5分間ほど蒸らし、クスクスに水分を吸わせる。蓋を開けてフォークでそっと混ぜてほぐし、ボウルに移す。みじん切りのキノコ、エンダイブ、カランツ、ミント、松の実を加える。レモンビネグレットを回しかけ、塩と、ペッパーミル3～4回転分の黒コショウを加え、あえる。

5　キノコ4個の傘に**4**を詰め、軽く押さえる。詰めた側を上にしてグリルにのせる。グリルに蓋をかぶせ、通気口を開けて中温を保つように調整する。マッシュルームの傘に焦げ目がつくまで、約5分間焼く。仕上げにフルール・ド・セルを少量散らしかけ、熱いうちにサーブする。

Grilled Orata with Herb Yogurt

ヘダイのグリル、ハーブヨーグルトソース

ヘダイをグリルして、繊細な身はしっとりと、皮はパリッときれいに焼き上げます。魚にハーブヨーグルトソースをぬってから焼くと、風味がいっそう引き立つとともに、魚が乾いたりグリルに貼りついてしまうことを防いでくれます。サイドディッシュには「アスパラガスのグリル、きざみゆで卵のビネグレット」(p.74)をどうぞ。

材料：4人分

ヘダイまたはクロダイなど（700～900g大）　2尾
ギリシャヨーグルト（プレーン）　180ml
マヨネーズ　60ml
レモン果汁　1/2個分
塩（細粒）　小さじ1
カイエンヌペッパー　ひとつまみ
イタリアンパセリの葉（粗みじん切り）　1束
ミントの葉（粗みじん切り）　1束
コリアンダーの葉（粗みじん切り）　1/2束
植物油　適量
レモン（横半分に切る）　2個

1　ヘダイのウロコをとってフィレにおろし、小骨を掃除する。

2　高速ブレンダーにヨーグルト、マヨネーズ、レモン果汁、塩、カイエンヌペッパー、イタリアンパセリ、ミント、コリアンダーを入れる。スイッチを入れ、完全になめらかで鮮やかな緑色のピュレになるまで回す（約4分間）。密閉容器に移す。食べる前日につくって冷蔵しておいてもよい。

3　チャコールグリルまたはガスグリルを高温（約250°C）に予熱する。

4　キッチンペーパー数枚を重ねて小さく折りたたみ、少量の植物油をしみ込ませて、熱したグリルのグレートに手早く丁寧にぬる。魚のフィレの両面に2のヨーグルトソースを刷毛でぬり、軽く塩（分量外）をふる。グリルに皮目を下にして並べ、3～5分間焼きつける。裏返して、身を2分間焼く。

5　魚を焼いている間に、レモンを（切り口を下にして）グリルにのせる。果汁がしみ出し、果肉に軽く焦げ目がつくまで焼く（約4分間）。温めた皿に魚を（皮目を上に）置き、レモンのグリルと残りのヨーグルトソースを添える。

Seared Scallops with Carrot Juice, Tamarind, and Rosemary

あぶりホタテ、ニンジンジュースとタマリンドとローズマリーのソース

ホタテは私の大好物のひとつ。エレガントで、火が通りやすく、まさにグリルで焼くために生まれてきたような食材で、炭火でさっとあぶるだけで甘く、香ばしく、シルキーな舌触りになります。その調理は、マーケットでの品定めから始まります。身が裂けたりしていないか、新鮮であるか、海のよい香りがするかをひとつずつ入念にチェック。もし良質なホタテが入手できなければ、海老でもこのレシピが使えます。ホタテはとてもデリケートなので、あらかじめグリルにこびりついた焦げや汚れを完全に掃除しておくことも大切です。美しい乳白色の身を損なわないよう。そしてグリルに張り付いて燃えたりしないよう、表面にマヨネーズをぬってから（薄い防護層をつくるのです）焼きます。色鮮やかなニンジンのソースの酸味と、ホタテのほのかな甘みとの相性は完璧。テクスチャー、フレーバー、見た目のすべてにバランスの取れた料理です。

材料：4～6人分

ニンジンジュース（フレッシュ）　240ml
ハチミツ　60ml
レモン果汁（搾りたて）　60ml
ライム果汁　1/2個分
タマリンドペースト　大さじ3
塩（細粒）　小さじ1（別に、ホタテ下味に適量）
ローズマリーの葉　大1枝分
グレープシード油　120ml
ホタテ貝柱　大12個（約450g）
マヨネーズ　60ml
ナスタチウムの葉と花　好みで適量

1　ソースパンにニンジンジュース、ハチミツ、レモン果汁、ライム果汁、タマリンドペースト、塩を合わせ、強めの中火にかける。30秒ほど沸騰させてハチミツとタマリンドペースを溶かし、ローズマリーを加えて火から下ろす。すぐに蓋をしてそのまま10分間おき、ローズマリーの香りをソースに移す。

2　**1**を目の細かい漉し網に通しながら、ブレンダーに移す。低速で回し、なめらかになったら（回しながら）グレープシード油を少量ずつゆっくりと加えて乳化させる。

3　キッチンペーパーを何枚か重ねてホタテを並べ、水分をしっかりと取る（表面に水気が残っているときれいに焼けないので）。両面にマヨネーズを刷毛で薄くぬり、塩をふる。

4　チャコールグリルまたはガスグリルを高温（約250℃）に予熱する。

5　熱したグリルにホタテをのせて2分間焼きつけ、そっと裏返して反対面も焦げ目がつくまで焼く（約1分間）。裏返す際にホタテがグリルに張り付いてしまっていたら、無理にはがすと身が裂けることがあるので、30秒待ってから再度行う。

6　**2**のニンジンのソースを皿に広げ、ホタテを盛る。好みで、ナスタチウムの葉と花を飾る。

Oysters with Shallots and Basque Vinegar

焼き牡蠣、エシャロットとバスクビネガー添え

牡蠣といえば生牡蠣で、私も大好き。でも、グリルすることで牡蠣がよりおいしくなることもあるんです。身にふっくらと火が入り、牡蠣特有のフレーバーが凝縮します。焼けば自然に開くので、殻を開ける手間もありません。グリルするには、小さな品種よりも大きめの牡蠣のほうが向いています。買うときは殻がしっかりと閉じて、割れたり欠けたりしていないものを選んでください。このビネガーソースは、生牡蠣につきもののミニョネットソースをアレンジしたもの。そして「オイスター・ロックフェラー」風にレモンパン粉をトッピングしています。

材料：4～6人分

バスクビネガー（p.40）　60ml
エシャロット（みじん切り）　1本
チャイブ（みじん切り）　大さじ2
粗く砕いた黒コショウ　小さじ2
殻付き牡蠣（殻をこすり洗いする）　大18個
岩塩　適量
フルール・ド・セル　小さじ1
レモンパン粉（p.77）　1/4カップ

1　ボウルにバスクビネガー、エシャロット、チャイブ、黒コショウを合わせる。そのまま室温におく。

2　チャコールグリルまたはガスグリルを高温（約250°C）に予熱する。

3　熱したグリルに牡蠣を（殻の丸みのあるほうを下にして）のせる。グリルに蓋をして、殻が開くまで焼く（約2分間）。トングを使って皿に移す（口が開かない牡蠣は捨てる）。オイスターナイフで上殻を開け、殻裏をなぞって貝柱を切り離す。上殻は捨て、下殻に入れたまま牡蠣の身の下にナイフを入れて貝柱を離す（このとき殻内部の汁をこぼさないようにする）。

4　大皿に岩塩を盛って牡蠣を並べ、各身にフルール・ド・セルをのせる。牡蠣1個につき**1**のビネガーミックス大さじ1をかけ、トーストしたレモンパン粉小さじ1をのせる。

Grilled Calamari with Blue Lake Green Beans, Almonds, and Lemon Bread Crumbs

小イカのグリル、サヤインゲンとアーモンド、レモンパン粉添え

イカはグリルする前に塩をふって軽くねかせると、繊細な風味とぷりぷりとした歯ごたえがきわ立ます。それも含めてイカのグリルはタイミング命。焼いてから時間がたつと乾いてゴムのようになってしまうので、イカを焼くときは他のことはすべて準備しておき、グリルしたらすぐに食べてとろけるような味わいを楽しみましょう。付け合わせのサヤインゲンはどんな種類でも合いますが、私のおすすめはクリスピーでレモンビネグレットに負けない風味をもったブルーレイク種。苦みがなく、ほのかな草の香りと甘みを感じさせ、やわらかくて歯ごたえのある食感が特徴です。前菜としてはもちろん、軽めのメインディッシュにも向く一品です。よく冷えたドライな白ワインまたはロゼと一緒にどうぞ。

材料：4～6人分

小イカ（足、内臓、軟骨を取り除いて洗い、水気を取る）
　18はい（正味225g）
塩（細粒）　適量
サヤインゲン（ヘタを取る）　約225g
植物油　適量
E.V.オリーブ油　適量
チェリートマト（縦半分に切る）　1カップ
イタリアンパセリの葉（みじん切り）　1/2カップ
ローストアーモンドスライス　1/4カップ
チャイブ（みじん切り）　大さじ2
エシャロット（みじん切り）　小1本
エスペレット唐辛子粉（p.38）
　またはカイエンヌペッパー　小さじ1/4
レモンビネグレット（p.90）　60ml
レモン果汁　1/2個分
レモンパン粉（p.77）　大さじ4

1　バットまたはトレイに金網をのせ、イカを重ねずに並べる。たっぷりの塩をふり、裏返してまた塩をふり、そのまま室温で30分間おく。いったん水洗いし、キッチンペーパーで内側も含めてよく水気をふき取る。バットも洗って水気をふき取り、キッチンペーパーを数枚敷き重ね、その上にイカを重ねずに並べる。イカの上にもペーパー数枚をのせ、冷蔵庫に入れて約8時間ねかせる。

2　大鍋に水を張り、たっぷりの塩を加えて沸騰させ、サヤインゲンをやわらかくなるまでゆでる（約2分間）。引き上げて氷水に浸け、完全に冷たくなったらザルに上げて水気をきる。キッチンペーパーで水気をふき取り、3等分に切る。前日に調理し、ラップフィルムをかけて冷蔵しておいてもよい。

3　チャコールグリルまたはガスグリルを超高温（約340～370℃）に予熱する。

4　キッチンペーパー数枚を重ねて小さく折りたたみ、少量の植物油をしみ込ませて、熱したグリルのグレートに手早く丁寧にぬる。ゆでたサヤインゲンをグリルバスケットに入れてグリルにのせる。イカにE.V.オリーブ油を軽くまぶし、グリルに並べて（格子の隙間から落ちないように）、両面を各2分半焼く。

>>

5　焼いたイカを約1.3cm幅の輪切りにする。ボウルに入れ、グリルしたサヤインゲン、トマト、イタリアンパセリ、アーモンド、チャイブ、エシャロット、塩小さじ1/2、エスペレットを加えて、混ぜ合わせる。レモンビネグレットとレモン果汁を加えてよくあえる。大皿に盛り、レモンパン粉をふりかけてすぐにサーブする。

Lemon Vinaigrette

レモンビネグレット

ドレッシングとして何にでも使える王道ビネグレット。クリーンな風味のグレープシード油とフルーティなオリーブ油をベースにしたライトな味わいです。簡単ですので、倍量でつくっていつでも使えるよう常備することをおすすめします。まずはシンプルなレタスサラダや好みのグリル野菜にかけてどうぞ。

材料：約120ml分

レモン果汁　1個分
グラニュー糖　小さじ2
塩（細粒）　小さじ1
グレープシード油　60ml
E.V.オリーブ油　60ml

1　密封瓶または密閉容器にレモン果汁、グラニュー糖、塩を入れる。蓋をしてよく振る。グレープシード油とE.V.オリーブ油を加え、油が混ざるまでさらに振る。冷蔵庫で約3週間の保存が可能。使用時によく振って乳化させる。

Chicken Skewers with Backyard Tomato Glaze

カリフォルニアスタイルの焼き鳥、トマトのグレーズで

最高にふっくらとして香り豊かな「焼き鳥」です。とてもシンプルで、だれもが大好きな鉄板レシピ。マリネに使う「たれ＝トマトのグレーズ」は私が20代の頃から何度となくつくっているもので、不出来だったことは一度もありません。鶏肉をトマト、ハチミツ、コリアンダーの葉、醤油で作ったグレーズで数時間マリネし、串に刺して、グリルする。むね肉ともも肉は別々の串にして、調理時間を調節します。鶏肉のマリネに数時間が必要であることを計算に入れて準備してください。

材料：4～6人分

鶏もも肉（皮なし／約2.5cm角切り）　1kg
鶏むね肉（皮なし／約2.5cm角切り）　1kg
トマトのグレーズ（p.92）　適量
植物油　適量
E.V.オリーブ油　大さじ2
塩（細粒）　適量
竹串（グリル上で燃えるのを防ぐため、1～2時間水に浸ける）　24本

1　鶏もも肉を5ピースずつ、竹串12本に刺す（グレーズがよくしみ込むよう、肉と肉の間に少しすき間をあける）。同様に、竹串12本に鶏むね肉を5ピースずつ刺す（肉の1ピースが細長くて薄い場合は半分に折って刺すとよい）。バットなどに重ねずに並べ、グレーズをまんべんなく注ぎ、串を転がして肉全体にからめる。ラップフィルムをかけ、冷蔵庫で6時間～ひと晩マリネする。グリルする30分前には冷蔵庫から出して室温に戻す。

2　チャコールグリルまたはガスグリルを中温（約180℃）に予熱する。

3　キッチンペーパー丸めて少量の植物油をしみ込ませ、グリルのグレートがツヤツヤになるまでまんべんなくぬる。鶏の串にE.V.オリーブ油を軽くふり、塩をふる。

4　もも肉の串を先にグリルにのせ、適宜転がして焼き面を変えながら4～6分間焼く。続いてむね肉の串ものせ、同様にして、肉に火が通って軽く焦げ目がつきグレーズが濃くなるまで6～8分間焼く。この間、もも肉はグリルにのせたままトータル10～12分間焼く。焼き上がった串から皿に移す。残ったグレーズをかけるか、別皿に入れて添える。

>>

Baclyard Tomato Glaze

トマトのグレーズ

とろりとしてスパイシーで、グリルはもちろんローストしたチキンにも合うグレーズ（たれ）。酸味があってフルーティーなトマトに、レモングラスとコリアンダーのフローラルな香り、ショウガの刺激、醤油のうま味が加わった味わいが、肉の風味を引き立てます。

材料：約3カップ分

グレープシード油　大さじ2
玉ネギ（薄切り）　1個
レモングラス（外側のかたい葉を除き、叩いて長さ5cmに切る）　2本
ニンニク（芽を取り除き、つぶす）　3片
ショウガ（皮をむいて6mm幅の薄切り）　1片
ハラペーニョ（好みで種を取り除く）　1/2本
ハチミツ　280ml
醤油　280ml
米酢　180ml
低塩トマトジュース　900ml
コリアンダーの軸　15本
コリアンダーの葉のみじん切り　大さじ2
レモン果汁　1個分

1　ソースパンにグレープシード油を引き、中火にかける。玉ネギ、レモングラス、ニンニク、ショウガ、ハラペーニョを入れ、しんなりとして香りが立つまでかき混ぜながら炒める（約5分間）。ハチミツを加えて5～6分間加熱し、泡立って濃い琥珀色になり始めたら醤油と米酢を加え、半量になるまで煮詰める（約5分間）。トマトジュース、コリアンダーの軸を加え、強めの中火にして沸騰させる。

2　沸騰したら弱めの中火にし、アクを取りながら煮る。スプーンのの背にとろりとからむほどに煮詰まったら（40～45分間）、耐熱ボウルにのせた目の細かい漉し網に通し、木べらの背で固形物をつぶしながら漉す（固形物は捨てる）。冷めてからコリアンダーの葉とレモン果汁を加える。

Chicken Salsa Verde

チキン・サルサベルデ

鶏のグリルはいつだってワクワクします。このレシピでは丸鶏を半身ずつ骨からはずして焼きます。半身にすることで鶏肉を平らな状態でグリルに置くことができ、早く均一に火が入ります。骨をはずすプロセスが重要ポイントですが、可能なら下処理は肉屋さんに頼んでしまいましょう。その場合も、骨や軟骨が残っていないかをよくチェックすること。鶏をマリネするチミチュリは油と酢がベースなので、皮は漬けないようにします。燃え上がりや焦げすぎの原因になりやすく、また、酸が皮の質感を変えたり、油が皮の脂を落ちにくくして、パリッと焼きあがらなくなるのです。この料理は私にとっても、週末に家族や友人たちと自宅でバーベキューをするときの定番です。

材料：4人分

スモークパプリカ風味のチミチュリ、
　マスタードシードのピクルス入り（p.36）　2カップ
シェリービネガーまたはバスクビネガー（p.40）
　60ml
丸鶏（1.3～1.8kg大／手羽をはずし、半分にして骨をはずす）
　1羽
植物油　適量
塩（細粒）　適量
E.V.オリーブ油　適量
フルール・ド・セル　適量

1　ボウルにチミチュリとビネガーを合わせ、混ぜる。仕上げ用に1カップ分を別に取り置く。

2　バットに**1**のソースを流す。鶏肉を、身を下にして置き、皮を除くすべての部分にソースをしっかりとまぶす。皮にはマリナードをつけないこと。ラップフィルムをかけずに最低6時間以上、できればひと晩冷蔵庫でマリネする。グリルする30分前には冷蔵庫から出して室温に戻す。

3　チャコールグリルまたはガスグリルを中温（約150～180℃）に予熱する。

4　キッチンペーパー数枚を重ねて小さく折りたたみ、少量の植物油をしみ込ませて、熱したグリルのグレートに手早く丁寧にぬる。

5　鶏肉の両面にたっぷりの塩をふる。皮目を下にしてグリルにのせる。蓋をかぶせ、通気口を開けて中温（約150～180℃）を保つ。この温度帯を保つために蓋や通気口の開閉によって調整しながら、鶏肉の脂が出てくるまで、30～35分間じっくりと焼く（途中、燃え上がりが起きそうになったら適宜蓋を開けて肉の場所を移動させる）。鶏肉を裏返して（皮を上に）、蓋をせずに、身に生の色がなくなるまで4～5分間焼く。デジタル温度計をむね肉の一番厚みのある部分に刺し、72℃になっていればよい。

6　金網に鶏肉を皮目を上にしてのせ、約5分間休ませる（肉汁を落ち着かせて全体に回すため）。切り分けて皿に盛り、E.V.オリーブ油を回しかけてフルール・ド・セルを散らし、残りのソースを添える。

Mom's Honey Chicken

マムズ・ハニーチキン

私がシェフになったのは、母フーリの影響が大です。母はその昔、名の知られたケータリング業者で、私が生まれ育ったサンタモニカで有名料理学校を経営していました。そうして1日中仕事で料理をして、さらに帰宅して私たち3人きょうだいにディナーをつくってくれたわけです。母がオーブンで焼くハニーチキンは家族全員の大好きな味で、醤油、ハチミツ、レモン、マスタードという入手しやすい材料を使ったシンプルで誰もが喜ぶ一品です。私は鶏肉をグリルして少しスモーキーな風味を加えることで、母のレシピをアップデートしています。母さん、サンクス！

材料：4人分

醤油　180ml
ハチミツ　120ml
ごま油　大さじ1
ニンニク（芽を取り除き、つぶす）　2片
ショウガのすりおろし　1片分（約大さじ1）
ディジョンマスタード　大さじ1
タイムの葉　大さじ1
レモン表皮（細かくすりおろす）　1個分
鶏もも肉（骨なし、皮付き）　約900g（8ピース）
塩（細粒）　小さじ1
レモンペッパー（p.49）　大さじ1（好みで）
植物油　適量
ワケギ（青い部分／みじん切り）　6本
ミントの葉（みじん切り）　1/4カップ

1　ボウルに醤油、ハチミツ、ごま油、ニンニク、ショウガ、マスタード、タイム、レモン表皮を入れ、泡立て器で混ぜる。バットに流し入れる。そこにもも肉を身を下にして並べ、皮を除く部分が浸かるようにする（皮はマリナードに浸けないこと。グリル中に焦げて皮の脂が落ちにくくなり、パリッと焼きあがらなくなるので）。ラップフィルムをかけずに冷蔵庫に入れ、3時間半から4時間マリネする。グリルする30分前には冷蔵庫から出して室温に戻す。

2　チャコールグリルまたはガスグリルを中温（約150℃）に予熱する。

3　キッチンペーパー数枚を重ねて小さく折りたたみ、少量の植物油をしみ込ませて、熱したグリルのグレートに手早く丁寧にぬる。

4　鶏肉に塩とレモンペッパーをふる。皮目を下にしてグリルに並べ、鶏肉の脂が出るまでじっくりと30～35分間焼く（途中、肉がグリルに張り付かないよう、適宜位置を変える）。皮がパリッとしてきつね色になったら裏返し、蓋をせずに、身に生の色がなくなるまで3～4分間焼く。デジタル温度計を肉の一番厚みのある部分に刺し、76～77℃になっていればよい。

5　鶏肉を皮目を上にして金網にのせ、約5分間休ませる（肉汁を落ち着かせて全体に回すため）。皿に盛りつけてレモンペッパーをふりかけ、ワケギとミントを散らす。

Grilled Duck with Honey, Coriander, and Mint Sauce

鴨のグリル、
ハチミツとコリアンダーとミントのソース

チキンよりも高級で、ターキーよりもエレガントな鴨肉。いつもとは違うディナーにはぴったりの食材です。鴨のグリルでいちばん大切なステップは、皮の下にある大量の脂肪を取り除くこと。私の店では、鴨は温度制御された熟成用冷蔵庫で3週間吊るしてから調理をしています。このドライエイジング（乾燥熟成）によって脂が落ち、グリルの際の燃え上がり（鴨を焦がすことになる）も防げます。家庭では、鴨肉の皮に穴を開けて金網にのせ、冷蔵庫で数日間乾燥熟成させることで同様の効果が得られます。そして、一羽をバタフライ状に解体するカットの仕方もポイント。身の厚さが均一になって加熱時間が短縮され、皮はパリッと、肉はジューシーに仕上がります。ハチミツとコリアンダーとミントのソースが、鴨肉のリッチな風味に爽やかさを与えてくれます。

材料：4人分

鴨（約2.2kg大／中抜き、首なし）　1羽
ハチミツ　180ml
ミントの葉（みじん切り）　15枚
コリアンダーシード（乾煎り後、粗挽き）　大さじ1½
粗く砕いた黒コショウ　小さじ2
塩（細粒）　小さじ1/2（ソース用）
フルール・ド・セル　適量
黒コショウ（挽きたて）　適量
E.V.オリーブ油　適量
ミント（粗みじん切り）　1/2束

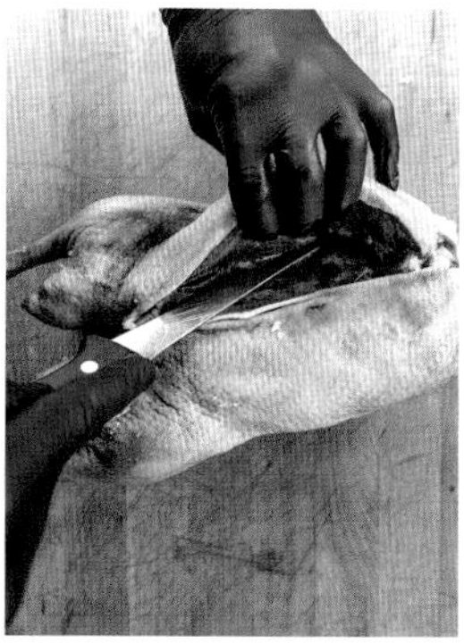

1　鴨の表面の水分をキッチンペーパーでふき取る。天板に金網をのせ、鴨を置く。グリルの際に脂が落ちやすくなるよう、ナイフ（または金串）を皮全体のところどころに斜めに刺して穴を開ける（身を傷つけないように注意）。ラップフィルムをかけずに冷蔵庫に入れ、最低48時間、最大で5日間ねかせて空気乾燥させる。このプロセスを踏むことで、皮がパリッと焼き上がる。

2　鴨を解体する。まず骨切りナイフで鴨の首周りの脂をそぎ取り（取った脂身はスキレットに入れて弱火にかけて溶かし、鴨脂にするとよい。冷蔵保存しておき、ジャガイモや卵、青菜の炒めものに使うと美味）、叉骨を切り出す。①首から尻にかけて縦に、胸骨の片側に沿ってナイフを入れ、切り目から刃先をすべらせながらむね肉をはずしていく。②むね肉を手で引っ張りながら進み、足の付け根でもも肉に沿ってナイフを入れて骨組みから切り離し、むね肉から骨付きもも肉までつながった半身一枚を切り取る（手羽は骨組みに残っている）。③まな板に皮を下にしておき、足のL字型の骨に沿って切り込みを入れ（骨ははずさない）、④手で肉を広げて平らに整える。残った半身も同様に処理する。

3　小さなソースパンにハチミツを入れて弱めの中火にかけ、泡立って濃い琥珀色に変わり始めたらすぐにミント、コリアンダーシード、水大さじ1、砕いた黒

>>

コショウ、塩を加え、よく混ぜ合わせる。かき混ぜながら、ハーブとスパイスの香りがハチミツに移るまで1～2分間煮る。火から下ろし、室温においておく。

4　チャコールグリルまたはガスグリルを中高温（約200℃）に予熱する。

5　半身にした鴨肉2枚の皮と身の両面にたっぷりの塩をふり、熱したグリルに皮目を下にしてのせる。蓋をかぶせ、通気口を少し開けて中高温（約200℃）を保つように調整する（こうしてじっくり火を入れることで、皮からゆっくりと脂が落ち、身がしっとりと焼き上がる）。焼いている間は火の様子を見て、燃え上がりに注意する。約12分間焼くと、鴨の皮がカリッとしたきつね色になり、むね肉はほぼミディアムレア近くの火通りになるが、もも肉はさらに焼く必要がある。グリルの蓋を開け、肉をひっくり返して皮目を上にする。むね肉を（火が通りすぎないよう）折り返してもも肉にのせ、5分間焼く。

6　むね肉を元に戻す（全面、皮が上）。もも肉に充分に火が通ったら、皮全体に3のハチミツソースを刷毛で薄くぬる。ひっくり返して皮を熱源に向け、ハチミツをキャラメリゼする。身にも刷毛でソースをぬり、1分間焼く。肉をグリルから下ろして金網にのせ、10分間休ませる。

7　むね肉ともも肉に切り分ける。むね肉はそぎ切りにし、もも肉は半分に切る。皿の中央にもも肉のカットを盛り、周りにむね肉のスライスを並べる。残りのソースを肉の周りに添える。フルール・ド・セルとペッパーミル6回転分の黒コショウをふり、E.V.オリーブ油をかけてミントを散らす。

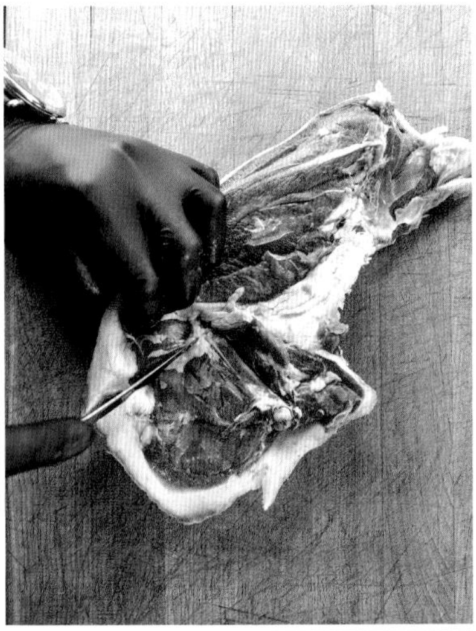

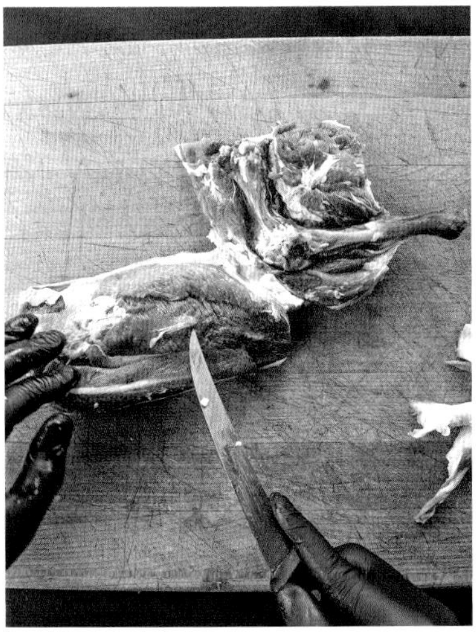

Chimichurri-Marinated Hanger Steak

チミチュリでマリネしたハンガーステーキ

ハンガーステーキ＊は牛肉の旨みがしっかりと感じられる部位です。ハンガーステーキとチミチュリはアルゼンチンでは定番の、そして私も大好きな組み合わせで、たっぷりのハーブ香が肉の濃い味わいを引き立ててくれます。スジが多い部位なので高温で焼く必要がありますが、くれぐれもミディアムレアを超えないように（肉がかたくなるので）。グリルのポイントは「30秒ごとに肉をひっくり返しながら」焼くこと。そこまでするか、と思うかもしれませんが、これを実践することで、表面をきれいに色づけつつ、しっとりと均一に焼き上げることができるのです。

＊**ハンガーステーキ**：牛のハンギングテンダー、サガリ（横隔膜の一部分で、腰椎に接する背中側の部分）のこと。中央に太い筋が通っている。脂身が少なく、赤身ながらもやわらかいのが特徴。

材料：4人分

ハンガーステーキ（縦半分に切り、余分な脂肪と中央のスジを除く）　約700g×2枚
スモークパプリカ風味のチミチュリ、マスタードシードのピクルス入り（p.36）　2カップ
植物油　適量
塩（細粒）　小さじ2
フルール・ド・セル　適量
黒コショウ（挽きたて）　適量

1　バットなどに4枚のハンガーステーキを並べ、チミチュリ1½カップを肉の表面に広げる。肉を裏返してもう片面にもまんべんなくまぶしつける。冷蔵庫に入れ、2～6時間マリネして味を浸透させる（チミチュリに含まれるビネガーの酸が肉の「調理」を始めてしまうので、6時間以上は漬けないこと）。グリルする30分前には冷蔵庫から出して室温に戻す。

2　チャコールグリルまたはガスグリルを高温（約250°C）に予熱する。

3　キッチンペーパー数枚を重ねて小さく折りたたみ、少量の植物油をしみ込ませて、熱したグリルのグレートに手早く丁寧にぬる。

4　肉全体にたっぷりの塩をふる。グリルにのせ、トングを使って30秒おきに表裏をひっくり返しながら両面を色づける。ミディアムレアにするにはトータルで12～14分間が目安。デジタル温度計を肉の一番厚みのある部分に刺し、54°Cになっていればよい。

5　ステーキをまな板に移し、5分間休ませる（肉汁を落ち着かせて全体に回すため）。肉の繊維に垂直に1.3cm幅にスライスし、皿に扇形に盛りつける。フルール・ド・セルとペッパーミル6回転分の黒コショウをふる。残りのチミチュリ1/2カップ分を別に添える。

J1-Marinated Skirt Steak

J1ステーキソースでマリネしたスカートステーキ

スカートステーキ*を本当においしく焼き上げるには、グリルするしかないというのが私の持論です。薄くて細長いこの牛肉の部位は、脂肪は少ないのに風味はリッチで、強火で焼くのに適しています。ちなみに混同されがちなフランクステーキ*は、より肉質のかたい別の部位です（ただし、なければフランクで代用可）。スカートステーキはマリネに向く数少ない部位で、マリネすることで肉がやわらかくなるだけでなく、独特な牛肉らしい味わいが増します。ここでは私のシグネチャーソース、「J1ステーキソース」（p.34）でマリネします。マリナードとしても優秀で、ソースの糖分が肉の表面にきれいな焦げ目をつくってくれます。なお、細長いスカートステーキは折り曲げられているか、ロール状で売られています。そのままではグリルからはみ出すことも多いので、真ん中でカットして半分の長さにして焼きます。

＊**スカートステーキ**：牛のばら肉の内側にある部位で。ウチハラミ。
＊**フランクステーキ**：牛のそとばらの一部。バヴェット。

材料：4人分

スカートステーキ（ウチハラミ／横半分に切る）　約900g
J1ステーキソース（p.34）　1½カップ
植物油　適量
塩（細粒）　小さじ2
フルール・ド・セル　適量
黒コショウ（挽きたて）　適量

1　バットなどにスカートステーキを広げて並べる。J1ステーキソース1カップ分を肉の表面に流し広げ、裏返してもう片面にもまんべんなくまぶす。冷蔵庫に入れ、2時間からひと晩マリネして味を浸透させる。グリルする30分前には冷蔵庫から出して室温に戻す。

2　チャコールグリルまたはガスグリルを高温（約250℃）に予熱する。

3　キッチンペーパー数枚を重ねて小さく折りたたみ、少量の植物油をしみ込ませて、熱したグリルのグレートに手早く丁寧にぬる。

4　**1**の肉の両面に軽く塩をふる。グリルにのせ、トングを使って30秒おきに表裏をひっくり返しながら、両面をよく色づける。ミディアムレアに仕上げるには、トータルで5～7分間が目安。デジタル温度計を肉の一番厚みのある部分に刺し、53℃になっていればよい。

5　肉を引き上げたて金網にのせ、5分間休ませる（肉汁を落ち着かせて全体に回すため）。まな板に移し、3等分して、繊維に垂直に約6mm幅にスライスする。皿に盛りつけ、フルール・ド・セルとペッパーミル6回転分の黒コショウをふる。J1ステーキソース1/2カップ分を器に入れて添える。

Grilled Bone-In Prime Rib Eye

骨付きプライムリブアイのグリル

特別なときに食べたい、リブアイ*のグリル。表面がカリッと焼け、中は端から端まで均一にミディアムレアに火入れされたリブアイは、牛肉の味が堪能できるまさにステーキの頂点です。私のリブアイの焼き方は、高級レストランでの料理経験と“真空調理ブーム”が原点で、あのどこをとってもやわらかくジューシーな火入れをグリルで再現しようと試行錯誤を繰り返してたどりついたものです。その極意はまず、グリルしている間は、肉をときどきひっくり返したり定期的に休ませたりして、均一にじわじわと火を入れていくこと。また、リブアイは（よい意味で）脂肪が多く、大きな塊肉なので、溶けた脂が炭に落ちて燃え上がりが発生しやすいので注意が必要です。燃え上がったら（ほぼ必ず起こります）、グリルに蓋をかぶせるか、いったん肉を端に置いて、火が収まってから調理を再開します。そして、肉を裏返す際はていねいに行い、脂を飛び散らせてグリルのグレートを汚さないようにすること。面倒に思うかもしれませんが、厳密さの積み重ねが均一な火入れへの近道です。なお、少しスパイシーに仕上げたければ「味の基本アイテム」の章（p.33 ～）にある好みのラブを肉にすり込んでから焼いてください。サイドディッシュはお好みで。写真で添えているのは「ミニポテトとチッポリーのスモーク」（p.188）です。

＊**リブアイ**：牛のリブロース。

材料：4人分

ドライエイジングの骨付きプライムリブアイ（余分な脂肪を切り取る）　1本（約1kg）
塩（細粒）　適量
黒コショウ（挽きたて）　適量
植物油　適量
フルール・ド・セル　適量
E.V.オリーブ油　適量
イタリアンパセリ（みじん切り）　適量
バスクビネガー（p.40）　適量

>>

1　リブアイを焼く前日に、キッチンペーパーで軽く叩きながら肉の水気をふき取り、バットなどにのせた金網の上に置く。ラップフィルムをかけずに冷蔵庫に入れ、グリルする約2時間前に取り出して室温に戻す。肉の両面に軽く（表面に粒が見える程度に）塩と黒コショウをふる。

2　チャコールグリルまたはガスグリルを中高温（約200～230°C）に予熱する。

3　キッチンペーパー数枚を重ねて小さく折りたたみ、少量の植物油をしみ込ませて、熱したグリルのグレートに手早く丁寧にぬる。

4　トングで肉をつかんで脂肪面をグリルに焼きつけ、脂を少し落とす。
①肉を平らにして置き、30秒ごとに表裏をひっくり返しながら、約5分間両面を焼く（燃え上がりが起きかけたら適宜蓋をかぶせる）。いったん肉を火から下ろし、（天板にのせた）金網の上に移して5分間休ませる（休ませる間、温度を保つためにグリルに蓋をしておく）。②再びグリルに肉をのせ、同様に30秒ごとに表裏をひっくり返しながら約5分間（軽く焦げ色がつくまで）焼き、金網にあげて5分間休ませる。③再びグリルに肉をのせ、同様に30秒ごとにひっくり返しながら約5分間（こんがりと色づくまで）焼き、金網にあげて5分間休ませる。このようにして「両面を交互に焼く～休ませる」を計3度繰り返すと（トータル約30分間）、内部はミディアムレアに、脂肪はカリッと香ばしく焼き上がるはず。デジタル温度計を肉の一番厚みのある部分に刺し、54°Cになっていればよい。

5　肉をまな板に移し、骨を切りはずして厚さ1.3cmのそぎ切りにする。皿に盛り、フルール・ド・セルとペッパーミル6回転分の黒コショウをふる。E.V.オリーブ油を回しかけ、イタリアンパセリを散らす。バスクビネガーを小皿に入れ、ディップソースとして添える。

Porcini-Dusted New York Strip

ポルチーニ風味のニューヨークストリップ

ステーキハウスに行かなくても、完璧にグリルされたジューシーなニューヨークストリップステーキは食べられます！　ニューヨークストリップは、とろけるような食感と深い旨みが楽しめる美しい部位。とくにドライエイジング（乾燥熟成）したそれは別格の味わいです。ドライエイジングの過程で肉にはさまざまな化学反応が起こりますが、端的に言えば「牛肉から水分が蒸発することで、肉の風味が凝縮する」。同時に、肉質もよりやわらかくなるのです。熟成肉は値が張りますが、その価値は間違いなくあります。もちろん予算しだいなので、一般のストリップステーキも使ってください。ポルチーニのラブは、肉に土やムスクといった複雑な香りを与えてくれます――熟成肉ではない一般の肉であれば、その効果はさらに大です。「J1ステーキソース」（p.34）や「バスクビネガー」（p.40）、その他好みのソースを添えてどうぞ。

＊**ニューヨークストリップステーキ**：牛のショートロイン。カットの形がマンハッタン島に似ていることからの名称。

材料：4人分

ドライエイジングのプライムニューヨークストリップステーキ（骨なし）　厚さ約4cmのカット（340～400g）2枚
乾燥ポルチーニのラブ（p.53）　1/2カップ
植物油　適量
塩（細粒）　適量
黒コショウ（挽きたて）　適量

1　バットまたはオーブン皿などにニューヨークストリップステーキをのせ、キッチンペーパーで軽く叩いて水気をふき取る。両面にポルチーニのラブをまぶす。ラップフィルムをかけ、冷蔵庫に30分間～2時間おき、味を浸透させる。グリルする30分前には冷蔵庫から出して室温に戻す。

2　チャコールグリルまたはガスグリルを高温（約250℃）に予熱する。

3　キッチンペーパー数枚を重ねて小さく折りたたみ、少量の植物油をしみ込ませて、熱したグリルのグレートに手早く丁寧にぬる。

4　肉をグリルにのせ、30秒ごとに表裏をひっくり返しながら、トータルで6分間焼く。火から下ろし、（天板にのせた）金網の上に移して、5分間休ませる。その間、グリルの温度を保つために蓋をしておく。再びグリルに肉をのせ、30秒ごとにひっくり返しながら、さらに4分間焼く。焼きすぎないよう、表面はこんがりと、内部はミディアムレアに仕上げる。デジタル温度計を肉の一番厚みのある部分に刺し、54℃になっていればよい。

5　金網の上に移し、アルミ箔などで覆って保温しながら10分間休ませる（肉汁を落ち着かせ、全体に回すため）。ペッパーミル6回転分の黒コショウをふり、厚さ約1.3cmのそぎ切りにして皿に盛る。

Honey-Marinated Pork Chops with Pea Shoots

ポークチョップのハチミツマリネ、豆苗添え

ポークチョップを焼くときによくある失敗が、靴底みたいにかたくなってしまうことです。豚肉は脂肪が少なく、パサつきやすく、焼きすぎになりやすい食材。でも約30秒ごとに肉の表裏をひっくり返しながら焼けば、表面はきれいに色づいて、内部はしっとりと仕上がります。ここで使うシンプルなマリナードは、かつて私がサンタモニカのレストラン「ジラフ」のシェフだった際、店のビジネスパートナーでもあった盟友ラファエル・ルネッタとともに考えたもの。豚肉にバニラ!?と思われるかもしれませんが、この甘い香りのスパイスはお菓子だけではなく料理、とりわけ肉料理にもとても合います。

材料：4人分

A レモングラスの茎（外側のかたい皮をむいてつぶし、長さ約5cmに切る） 1本
バニラビーンズ（縦に割って種をこそげ取る） 1本
　またはバニラエクストラクト　小さじ1/2
塩（細粒）　大さじ1
黒コショウ粒　大さじ1
唐辛子フレーク　大さじ1
フェンネルシード　大さじ1
ナツメグ（ホール／すりおろす）　1/2個
シェリービネガー　大さじ1
タイムの葉　10枝分
ローズマリーの葉　1枝分
オレンジ表皮（細かくすりおろす）　1個分
レモン表皮（細かくすりおろす）　1個分

ハチミツ　60ml
E.V.オリーブ油　450ml（マリナード用）
骨付きポークリブチョップ（1本の厚さ約2.5cm／280～340g）　4本
植物油　適量
塩（細粒）　適量
豆苗またはベビールーコラ　1カップ
E.V.オリーブ油　適量（サラダ用）
レモン果汁　1個分
フルール・ド・セル　適量
黒コショウ（挽きたて）　適量

1　材料Aをボウルに混ぜ合わせる。ハチミツを500～600Wの電子レンジで約30秒間加熱して溶かし、ボウルに加えて、混ぜる。均一になったら、泡立て器で混ぜながらE.V.オリーブ油を少しずつ注ぎ入れる。

2　バットにポークチョップを並べ、キッチンペーパーで水気をふき取る。**1**のマリナードをまんべんなくかけ、肉を裏返して両面にからめる。ラップフィルムをかけ、冷蔵庫で最低8時間以上、できればひと晩マリネする。途中2～3回、肉を裏返す。グリルする30分前には冷蔵庫から出して室温に戻す。

3　チャコールグリルまたはガスグリルを中高温（約200℃）に予熱する。キッチンペーパー数枚を重ねて小さく折りたたみ、少量の植物油をしみ込ませて、グレートに手早く丁寧にぬる。肉をマリナードから取り出し、キッチンペーパーで軽くふき取る。両面に塩をたっぷりふってグリルにのせ、30秒ごとに表裏をひっくり返しながら、トータルで約15分間焼き、表面が軽く焦げて中心がピンク色の状態に仕上げる。デジタル温度計を肉の一番厚みのある部分に刺し、60℃になっていればよい。火から下ろして金網の上に移し、アルミ箔などで覆って保温しながら5分間休ませる（肉汁を落ち着かせて全体に回すため）。

4　ボウルに豆苗を入れ、適量のE.V.オリーブ油、レモン果汁、塩と黒コショウを加えてあえる。ポークチョップの骨を切り外し、肉を3等分に切り分する。皿に骨と肉を盛り、フルール・ド・セルとペッパーミル2回転分の黒コショウをふり、豆苗をのせる。

The Charcoal Bison Burger

チャコール バイソンバーガー

最高のバーガーに必要なものは？　私にとってそれは肉とバンズとトッピングの完璧な比率です。バンズはバターたっぷりのブリオッシュやハッラーを好んで使いますが、おいしいものの割合が大きすぎると他の要素が負けてしまいがちなので、バンズを上下に切り分けたら中心のやわらかい部分をむしって量を減らし、主役の肉を食ってしまわないようにします。バーガー界の王様といえば、もちろん牛肉ですが、近年入手しやすくなったバイソン（バッファロー）の肉も、味わい濃厚な赤身肉で、バーガーに向いています。脂肪が少ないので、牛肉よりも焼き時間は短くして、ぱさぱさにならないようミディアムレアに仕上げます。

材料：4人分

バイソン*の挽き肉　約700g
玉ネギ（約6mm幅の輪切り）　1個
植物油　適量
E.V.オリーブ油　大さじ2
塩（細粒）　適量
マヨネーズ　大さじ2
黒コショウ（挽きたて）　適量
ホワイトチェダーチーズ（スライス）　4枚
バンズ用のブリオッシュまたはハッラーパン*（カットして上下に分け、中心を少しむしり取る）　大4個
バーガーソース（p.114）　適量
レタス　適量
トマト（大サイズ／厚さ約6mmの輪切り）　適量

＊**バイソン（バッファロー）肉**：日本では入手不可能。代替プランは鹿のもも肉。
＊**ハッラーパン**：ユダヤ教のパンで、生地に卵と少量の砂糖が入る。ブリオッシュ同様、リッチな風味のパン。

1　バーガーのパティを4枚つくる。挽き肉を4等分し、それぞれ直径12～15cm、厚さ約2.5cmに成形する（焼き上がりがかたくなるので、強く固めすぎないこと）。バットに並べ、冷蔵庫に15分間入れる。

2　チャコールグリルまたはガスグリルを中高温（約200°C）に予熱する。

3　キッチンペーパー数枚を重ねて小さく折りたたみ、少量の植物油をしみ込ませて、熱したグリルのグレートに手早く丁寧にぬる。

4　バットなどに玉ネギの輪切りを並べ、E.V.オリーブ油、塩をふる。グリルにのせ、4～5分間焼いたらひっくり返し、両面ともきれいに色づくまで焼く（トータル8～10分間が目安）。まな板に移して、粗みじん切りにする。

5　パティの両面にマヨネーズを軽く刷毛でぬり（グリルに張り付かないように）、たっぷりの塩と黒コショウをふる。グリルにのせ、スパチュラでそっと押して平らにする。3分間焼いたら裏返す（裏返しは一度だけ）。**4**の玉ネギをのせてチーズをかぶせ、さらに3分間焼く。デジタル温度計をパティの中心に刺し、60°Cになっていればミディアムレアに焼けている。

6　グリルのグレートの焦げつきを**3**のキッチンペーパーで掃除してから、バンズを切り口を下にして並べ、1分間焼く。

7　バーガーを完成させる。下のバンズにバーガーソース大さじ2をぬり、レタスとトマトの輪切りをのせる。塩と黒コショウをふる。パティを（チーズを上にして）のせる。上のバンズにもバーガーソース大さじ**2**をぬり、パティにかぶせる。

>>

Burger Sauce

バーガーソース

バーガーはもちろん、フレンチフライにも合う秘伝のキラーソースです。キッチンと冷蔵庫にあったものを混ぜ合わせてつくったのが最初ですが、甘み、スパイシーさ、酸味、旨みのバランスが抜群。マヨネーズとケチャップと薬味でつくる一般的なソースとは、ひと味もふた味も違います。

材料：約1カップ分

マヨネーズ　240ml
ケチャップ　大さじ1½
ウスターソース　大さじ1
シャンパンビネガー　小さじ2
ハチミツ　小さじ1½
おろしショウガ　小さじ1½
練りワサビ　小さじ½

1　ボウルにすべての材料を入れ、なめらかになるまでよく混ぜ合わせる。密閉容器に入れて冷蔵庫で約10日間の保存が可能。

Grilled Lamb Chops with Charred Eggplant Puree

ラムチョップのグリル、焦がしナスのピュレ添え

外側はこんがりで内部はピンク色のラムチョップ。短時間で焼けるのでホームパーティの最初の料理として、春ならイースターディナーの前菜として、あるいは平日の夜のカジュアルな食事にも最適です。コーヒーのラブは、ラム肉のゲイミーな風味にキャラメルの甘みとナッティなトーンを加えてくれます。ジューシーなラム肉となめらかなナスのペーストはギリシャ、イタリア、フランスなど地中海沿岸諸国の料理では定番の組み合わせ。私はよくこれを、ピタパンやチャコールフラットブレッド（p.175）にのせてギリシャ風サンドイッチにして出しています。チャコールフラットブレッドは本書レシピでは生地に活性炭を加えて黒くしていますが、この場合は色のバランス上、加えずにプレーンでつくります。

材料：4人分

ラムチョップ（余分な脂肪を除き、骨を掃除する）
　8本（計400～450g）
コーヒーのラブ（p.49）　1/4カップ
植物油　適量
塩（細粒）　適量
黒コショウ（挽きたて）　適量
焦がしナスのピュレ（p .116）　適量
チャコールフラットブレッド（p.175）
　またはピタパン　4枚（好みで）

1　バットにラムチョップを並べ、キッチンペーパーで軽く叩いて水気をふき取る。コーヒーのラブを両面にまぶす。ラップフィルムをかけ、冷蔵庫に入れて30分間～2時間おき、味を浸透させる。グリルする30分前には冷蔵庫から出して室温に戻す。

2　チャコールグリルまたはガスグリルを中高温（約200℃）に予熱する。

3　キキッチンペーパー数枚を重ねて小さく折りたたみ、少量の植物油をしみ込ませて、熱したグリルのグレートに手早く丁寧にぬる。ラムチョップの両面に塩をしっかりとふる。

4　グリルに肉をのせ、両面を3～4分間ずつ焼いてミディアムレアに仕上げる（格子状のグレートの場合は、片面ごとに焼き時間の五合目で肉の置き位置を横に変え、縦横格子の焼き目をつける）。デジタル温度計を肉の一番厚みのある部分に刺し、54℃になっていればよい。グリルから下ろして金網の上に移し、5分間休ませる（肉汁を落ち着かせて全体に回すため）。

5　皿に盛り、ペッパーミル6回転分の黒コショウをふる。温めたナスのピュレ、チャコールフラットブレッドを添えてサーブし、好みでサンドイッチにしてもらう。

>>

Chicken Skewers with Backyard Tomato Glaze

焦がしナスのピュレ

この炭色のナスのピュレはつくり置きができます。ババガヌーシュ＊のようなものなので、余ったら生野菜のディップにもなります。深みのあるスモーキーなフレーバーのピュレにするためには、ナスの両面がすっかり黒くなるまでしっかりと高温でグリルすることがポイントです。

＊**ババガヌーシュ**：焼きナスにゴマペースト、オリーブ油などを合わせてペースト状にした、中東料理。

材料：約2カップ分

長ナス（2本は縦に1.3cm幅の薄切り、1本は1.3cm角切り）　3本
植物油　大さじ1
玉ネギ（薄切り）　1個
塩（細粒）　適量

1　チャコールグリルまたはガスグリルを高温（約250°C）に予熱する。

2　熱したグリルに薄切りにしたナスを並べ、全体が黒く焦げるまで、5分間ごとに表裏をひっくり返しながらトータルで約20分間焼く。

3　そのあいだに中サイズのソースパンに植物油を引き、中火にかける。玉ネギと塩を入れ、かき混ぜながら玉ネギがやわらかくなるまで炒める（約3～4分間）。角切りにしたナスを加え、塩ひとつまみを加えてナスの水分を引き出す。かき混ぜながら、ナスと玉ネギの水分が蒸発するまで炒め（約4～5分間）、**2**の焦がしナスを加えて弱めの中火にし、全体を混ぜ合わせる。水120mlを入れ、かき混ぜながら、半分量になるまで煮詰める（約5分間）。

4　**3**をブレンダーの容器の半分まで入れる（それ以上にならないよう、必要なら何度かに分ける）。低速度で数秒間回したら、中高速に変えて完全になめらかになるまで混ぜ合わせる。ナスがもったりしてブレンダーが回りにくければ、水を大さじ1ずつ加えて調整する。塩ひとつまみを加えて味をととのえる。温かいままサーブする。

Grilled Figs with Ricotta, Pomegranate Molasses and Cacao Nibs

イチジクのグリル、リコッタ添え、
ザクロエキスとカカオニブ風味

ぷっくりとして愛らしく、甘く、種のつぶつぶの食感が楽しいイチジクは私の大好きな果物。ベニス地区にある自宅の裏庭に最初に植えたのもミッション種のイチジクの木でした。晩夏から秋にかけてたくさんの実をつけるので、いつもその新しい使い方を考えています。これは、この果物の蠱惑的なニュアンスにフォーカスした夏の夜にぴったりのデザート。グリルしたイチジクにザクロエキスの甘酸っぱさ、リコッタのクリーミーさ、カカオニブのチョコレート香を添えています。なおイチジクは、グリルしたときにドロドロにならないよう、熟しすぎていないものを選びます。

材料：4人分

植物油　適量
イチジク（ブラックミッション種、ブラウンターキー種などの熟したもの／縦半分に切る）　大8個
ザクロエキス（下記NOTE）　大さじ3
牛乳のリコッタ　450g
E.V.オリーブ油　適量
レモン表皮（細かくすりおろす）　1個分
カカオニブ　小さじ4

1　チャコールグリルまたはガスグリルを中高温（約200～230°C）に予熱する。

2　キッチンペーパー数枚を重ねて小さく折りたたみ、少量の植物油をしみ込ませて、熱したグリルのグレートに手早く丁寧にぬる。

3　イチジクを半分に切ってボウルに入れ、ザクロエキス大さじ1を加えてあえる。グリルに切り口を下にして並べ、グリルの焼き目がつくまで2～3分間焼く。トングを使ってそっとひっくり返し、やわらかくなり少しジャム状になるまで、さらに2～3分間焼く。

4　皿の中央にリコッタをのせ、スプーンの背で広げる。イチジクのカット（同4個）を盛り、ザクロエキスを回しかけ、E.V.オリーブ油を軽くかける。レモン表皮とカカオニブを散らす。

NOTE：ザクロエキス
ザクロの果汁を煮詰めた濃厚なエキス（シロップ）で、甘酸っぱくフルーティなフレーバーと美しい赤紫色が特徴。冷蔵庫で半永久的にもつ。入手できない場合は自作もできる。小鍋にザクロジュース（果汁100％）1カップを入れて弱めの中火にかけ、とろみがついてシロップ状になり、1/4量になるまで煮詰める（約15分間）。冷ましてから使う。

Grilled Tomato Bloody Mary

グリルドトマトのブラッディメアリー

ブラッディメアリーは二日酔いにも効果があることが知られています。ウオッカベースで、スパイシーで、塩気、酸味のバランスが取れ、舌触りに厚みのあるこの人気カクテルは、私が「チャコール」で週末のブランチの提供を始めた際、メニューに絶対に加えたかった一品でした。生のトマトをグリルすると、フルーティな風味が濃縮して、最高に美味なブラッディメアリーミックスができます。ちなみにこのミックスは、シュリンプカクテルのソースとしても抜群です。

材料：4～6人分

トマト（横半分に切る）　大3個
E.V.オリーブ油　適量
トマトジュース　680ml
ホースラディッシュのすりおろし　大さじ3
ウスターソース　大さじ2
グリーンオリーブの漬け汁　大さじ1
ライム果汁　3個分
レモン果汁　1個分
タバスコ　大さじ1
シラチャーソースまたは
　カリフォルニアチリソース（p.44）　大さじ1
グラニュー糖（細目）　小さじ1
塩（細粒）　小さじ1
黒コショウ（挽きたて）　小さじ1/2
セロリ　1本（別に、ガーニッシュ用に適量）
ライム　1/2個
氷　適量
ウオッカ（冷凍庫で冷やす）

［**ガーニッシュ**（カクテルピンに刺す）］
青唐辛子の酢漬け
種なしグリーンオリーブ
カクテルオニオン

［**チャコールソルト**］
粗塩　1/4カップ
セロリソルト　大さじ1
活性炭の粉末（p.54）　大さじ1

1　チャコールグリルまたはガスグリルを高温（約250℃）に予熱する。コリンズグラス4～6個を冷やしておく。

2　半分にカットしたトマトの皮にE.V.オリーブ油をまぶす。熱したグリルに切り口を下にして並べ、グリルの焼き目がつくまで約5分間焼く。トングを使ってひっくり返し、やわらかくなるまで皮目を3～4分間焼く。

3　トマトを火から下ろして少し冷ます。皮をむいて捨て、身は高速ブレンダーに移す。トマトジュース、ホースラディッシュ、ウスターソース、オリーブの漬け汁、ライム果汁、レモン果汁、タバスコ、シラチャーソース、グラニュー糖、塩、黒コショウ、セロリ1本を加え、完全になめらかになるまで高速で約1分間混ぜる。ピッチャーに注ぎ、冷蔵庫で2時間以上冷やす。

4　チャコールソルトをつくる。ボウルに粗塩、セロリソルト、活性炭粉末を入れ、色が均一になるまで混ぜ合わせる。皿に薄くならす。

5　カクテルを完成させる。コリンズグラスの縁を半分にカットしたライムで湿らせ、チャコールソルトに伏せて縁につける。グラスに氷を満たし、それぞれにウオッカ2オンス（約60ml）を注ぐ。冷やした**3**のブラッディメアリーミックスで満たし、バースプーンでそっとステアする。セロリスティックを飾り、カクテルピンに刺したガーニッシュを縁にのせる。

Charred Peach Bellini

焦がした桃のベリーニ

桃のピュレとプロセッコでつくるイタリア生まれのカクテル、ベリーニのアレンジ。桃をグリルすることでドリンクにスモーキー風味ととろみを加味します。黄桃でも白桃でもＯＫで、砂糖の量は桃の熟し具合によって調整してください。桃のピュレは冷蔵で1日、冷凍で約1カ月間の保存が可能です。

材料：4～6人分

桃（熟したもの／半分に切って種を除く）　4個
E.V.オリーブ油　小さじ2
グラニュー糖（細目）　小さじ2
冷えたスパークリングワイン（カバ、プロセッコなど）
　750ml

1　チャコールグリルまたはガスグリルを中高温（約200～230℃）に予熱する。桃の表面全体にE.V.オリーブ油を刷毛でぬる。

2　グリルに桃の切り口を下にして並べ、グリルの焦げ目がつくまで2～3分間焼く。トングを使ってそっとひっくり返し、皮がやわらかくなり、香りが立ってくるまで3～4分間焼く。

3　桃を少し冷ましてからブレンダーに入れる。グラニュー糖を加えて、完全になめらかになるまで回す（桃の熟し具合により、必要なら水大さじ1～2を加えて調整する）。このピュレを（ボウルにのせた）目の細かい漉し網に通す。スプーンの背で押し出し、皮のみを網に残す。冷蔵庫で1時間から1日冷やす。

4　グラスに**3**を大さじ2～3杯分入れ、スパークリングワインで満たす。そっとステアしてすぐにサーブする。

郵便はがき

料金受取人払郵便

本郷局承認

3509

差出有効期間
2021年6月
30日まで
(切手不要)

113-8790

(受取人)
東京都文京区湯島3-26-9
イヤサカビル3F

株式会社 柴田書店

書籍編集部　愛読者係行

フリガナ 芳　名	男 女	年齢 歳
自宅住所　〒　　　☎		
勤務先名　　　☎ 勤務先住所　〒		

● 該当事項を○で囲んでください。

【A】業界　1.飲食業　2.菓子店　3.パン店　4.ホテル　5.旅館　6.ペンション　7.民宿　8.その他の宿泊業　9.食品メーカー　10.食品卸業　11.食品小売業　12.厨房製造・販売業　13.建築・設計　14.店舗内装業　15.その他（　　　　　　）

【B】Aで15. その他とお答えの方　1.自由業　2.公務員　3.学生　4.主婦　5.その他の製造・販売・サービス業　6.その他

【C】Aで1. 飲食業とお答えの方、業種は？　1.総合食堂　2.給食　3.ファストフード　4.日本料理　5.フランス料理　6.イタリア料理　7.中国料理　8.その他の各国料理　9.居酒屋　10.すし　11.そば・うどん　12.うなぎ　13.喫茶店・カフェ　14.バー　15.ラーメン　16.カレー　17.デリ・惣菜　18.ファミリーレストラン　19.その他

【D】職務　1.管理・運営　2.企画・開発　3.営業・販売　4.宣伝・広報　5.調理　6.設計・デザイン　7.商品管理・流通　8.接客サービス　9.オーナーシェフ　10.その他

【E】役職　1.社長　2.役員　3.管理職　4.専門職　5.社員職員　6.パートアルバイト　7.その他

ご愛読ありがとうございます。今後の参考といたしますので、アンケートにご協力お願いいたします。

◆お買い求めいただいた【本の題名＝タイトル】を教えて下さい

◆何でこの本をお知りになりましたか？

1．新聞広告（新聞名　　　　　　）　2．雑誌広告（雑誌名　　　　　　）

3．書店店頭実物　　　　4．ダイレクトメール

5．その他＿＿＿＿＿＿＿＿＿＿

◆お買い求めいただいた方法は？

1．書店　地区＿＿＿＿＿県・書店名＿＿＿＿＿

2．柴田書店直接　　3．その他＿＿＿＿＿

◆お買い求めいただいた本についてのご意見をお聞かせ下さい

◆柴田書店の本で、すでにご購入いただいているものは？

◆定期購読をしている新聞や雑誌はなんですか？

◆今後、どんな内容または著者の本をご希望ですか？

◆柴田書店の図書目録を希望しますか？　1．希望する　2．希望しない

●ホームページをご覧ください。URL=http://www.shibatashoten.co.jp
新刊をご案内するメールマガジンの会員登録（無料）ができます。

記入された個人情報は、顧客分析と御希望者への図書目録発送のみに使用させていただきます。

IN THE COALS

炭の中で焼く

初めて炭の中でじかに焼かれた料理を食べたのは、かなり前の話ですが、南仏ニースの山あいにある美しい邸宅に招かれたときのことでした。まるで宮殿のようなそのお宅のすばらしい中庭には特注された炉床があり、熾きている薪の中にジャガイモを埋めたまま、ホストがその熾き火の上でステーキを焼いてくれました。まさに忘れられない体験です。熱い炭と食材が直接接触することから生じる香ばしくスモーキーな風味は、ただグリルの上で焼くだけでは得られません。焦げた部分には力強い土の香りが感じられますが、けっして過剰ではなく、灰っぽさもありません。

炭の中で食材をじかに焼く調理法――「キャンプファイヤー・クッキング」「ケイブマン・スタイル」「ダーティ・グリリング」とも呼ばれますが――は、何も目新しいものではありません。要素を考えれば、人類の歴史においてもっとも原始的な調理法ともいえるでしょう。1950年代のアメリカでは、アイゼンハワー大統領が赤々と熾きた炭の上に肉をじかにのせて焼くのを好んだことから、「アイゼンハワー・ステーキ」が広まりました。分厚い肉をこの方法で焼いたら最高に旨いに決まっていますが、何につけ新しいことを考えたくなるのが私の性分です。じつは私の店「チャコール」のメニューでもっとも人気があるのは野菜料理で、「キャベツの炭埋め焼き、スマックとレモンゼスト風味のヨーグルトディップ」（p.127）と「ジャガイモの炭焼き、バターとクレームフレーシュ、熟成ゴーダとチャイブ詰め」（p.130）がそれなのですが、どちらも炭の中にじかに野菜を置いて焼いています。私がこの加熱方法の可能性を見出したのは、自宅でビッググリーンエッグ（かまど型セラミックグリル、p.26）を使ったレシピ開発をしていたときでした。野菜もシーフードも、炭の中に置いて焼くことで、他ではけっして得られない、素朴でしかも深みと複雑さのある味わいに仕上がります。

炭の中で焼くことの美点のひとつとして、とくに「生きた火」を使う初心者の方々にお伝えしたいのは、食材は焦げてもいい、むしろ焦がすべきだということです。野菜は、外側がまさに炭のように真っ黒に焦げるまで焼くべきなのです。

ここで目指しているのは、もちろん食材を灰にすることではなく（炭の温度はつねに420℃から540℃くらいありますが）、外側を黒く焦がすこと

>>

で内部にそのスモーキーなエッセンスを伝えることにあります。とくに、食べる前にむく外皮や外葉で覆われた野菜（トウモロコシ、アーティチョーク、カボチャなど）には有効な方法です。表面が焦げたり灰まみれになっても問題ないですから。「スズキの姿焼き」（p.153）におけるうろこ付きの皮や、「フェンネルの塩釜焼き」（p.139）や「ロブスターの塩釜焼き」（p.149）における塩釜も、食材を守るプロテクト層の役割を果たしてくれます。

炭の中で焼くには、基本的に二つの方法があり、一つは炭の中に埋める方法（p.136「黒焦げビーツ」）で、もう一つは炭の上にじかにのせる方法（p.125「ラディッシュのロースト」）です。いずれもたっぷりの堅木の炭をしっかりと燃やして「熾き」の状態にする必要があります。

この調理法では、必ず（化学物質が含まれたブリケットではなく）天然木炭を使い、食材に接触するものが天然の木材だけであるようにしてください。天然木炭は100％自然な材料でつくられたもので、灰も少なく、一方ブリケットには化学物質やさまざまなものが含まれていることが多く、燃え尽きるのも早いのです。そして、着火燃料は絶対に使わないこと。毒性があり、それが食材に付着する恐れもあります。

炭を組む際は、まずバーベキュー台やグリル台の炉の半分まで炭を入れ、熊手や小さなショベル、柄の長いトング（私はバーベキュー用のものではなく、しっかりとつかめる普通の金属製の調理用トングを使います）などを使って炭をならします。この調理法では、途中で燃え尽きて炭を足すことのないよう、必ず前もってたくさんの炭を用意しておく必要があります。

火をおこすには、ファイヤースターター（p.29）、または好みでチムニースターターを使います。下の通気口を開けた状態で、ファイヤースターターを炭の真ん中に1本、それを囲むように3本置き、ガスライターで火をつけます。グリルのサイズにもよりますが、30分ほどで炭が熾きの状態になるはず。すべての炭に火がついていないようなら、熊手やショベルを使って炭をかき混ぜ、押さえて固めてならします。最重要なこととして、この作業の間は必ずつま先が覆われた頑丈な靴を履き、使いやすい耐火グローブを装着してください。

火床全体が高温を保つことが必要です。炭が内側まで赤くなり、表面にうっすらと白い灰をかぶるようになったら、オーブントレイなどであおいで積もった余分な灰を飛ばします。なお、微細な灰は食材に付着しますが、味に影響はありません。気になるなら乾いた製菓用の刷毛で払ってください。

食材を炭の中に埋めるときは、最初に柄の短いショベルで炭を何個かかき出して火床にくぼみをつくります。その中に食材を置き、周囲の炭をそっとすくって覆います。とても重要なこと！　このとき必ず耐火グローブとトングを使ってください。火を消して炭を次回用に残す場合は、蓋をかぶせて通気口を閉じ、空気の供給を断ちます。

いろいろと大変そうに思えるかもしれませんが、火の安全に十分な心配りをし、レシピどおりにすれば何もむずかしいことはありません。ほんの少しの努力と注意で、グッとくるおいしさで誰もが喜ぶ料理を生み出すことができます。

Roasted Radishes with Butter and Sea Salt

ラディッシュのロースト、バターと塩で

バターと塩をのせたラディッシュが大好きです。シンプルなのに味わいは複雑で、でもどこかほっとするやさしさがあり、そして私にとってはフランスの思い出そのもの。若い時にフランスで働いていた頃、日曜日によくノルマンディーに住むいとこの家に夕飯を食べに行っていました。前菜には必ず、新鮮なラディッシュの茎のところをつかみ、やわらかくした上質なバターにつけて、さらにフルール・ド・セルに軽く転がして食べたものです。そして、普通は生で食べるラディッシュですが、ローストすると根菜特有の辛みがやわらぎ、しかもシャキッとした爽やかな歯ごたえも楽しむことができます。旬は春ですが、ありがたいことに一年中売られています。あまり活用されていないこの野菜を、ぜひカラフルなオードブルやスナックにしてみてください。どの品種もおいしいラディッシュですが、紅白の細長いフレンチ・ブレックファスト種は、従来の丸い品種よりもやや味わいがマイルドです。

材料：4～6人分

ラディッシュ*（茎・葉付き）　大2束（約20個）
有塩バター*　大さじ8
レモン表皮（細かくすりおろす）　1/2個分
レモン果汁　1/2個分
塩（細粒）　小さじ1
フルール・ド・セル　適量
黒コショウ（挽きたて）　適量

***ラディッシュ**：原文の推奨品種はフレンチ・ブレックファスト種（縦長でお尻が白い）、縞になったレインボー種。
***有塩バター**：原文の推奨銘柄はアイルランド産の「ケリーゴールド」、フランスのボルディエ社の「ブール・ド・バラッド」。バターのおいしさがカギになるので、上質で風味の高い、好みの製品を。

1　葉付きのラディッシュをザルに入れ、土などの汚れを流水で洗う。よく水気をきる。

2　厚口のアルミ箔を大きく6枚切り取る。1枚の中央にラディッシュの半量を置き、それぞれレシピの半量のバター、レモン表皮、レモン果汁、塩をふりかける。アルミ箔の手前と奥を合わせて折り込み、両端をたたんでラディッシュを包み込む。別の1枚に閉じ目を下にしてのせ、同様に包む。さらに別の1枚で包み、三重にする（灰がアルミ箔の中に入ったり、バターがしみ出して燃え上がらないように）。残り半量のラディッシュも同様に包む。

3　チャコールグリルのグレートをはずす。天然木炭を入れて着火し、赤くなるまで燃やして「熾き」の状態にする。熊手を使ってならす。手に耐火グローブをはめ、アルミ箔で包んだラディッシュを炭の上に置いて、12分間焼く――途中、半分のところでトングを使ってひっくり返す。葉はしんなり、ラディッシュ自体はやわらかくなってしかも芯が残る程度に仕上げる――竹串かペティナイフなどで刺して火通りをチェックする。

4　包みを引き上げ、5分間ほどおいて軽く冷ましてから、包みをそっと破って開き（熱い蒸気に気をつけること）、フルール・ド・セルとペッパーミル3～4回転分の黒コショウ、すりおろしたレモン表皮（分量外）をふる。アルミ箔ごと食卓に出す。熱々はもちろん、室温でもおいしい。

Cabbage Baked in Embers with Yogurt, Sumac, and Lemon Zest

キャベツの炭埋め焼き、スマックとレモンゼスト風味のヨーグルトディップ

レストラン「チャコール」の一番人気がキャベツ料理になるなんて、誰が想像できたでしょう。どこにでもあるキャベツを真っ赤になった炭の中に丸ごと埋めて、外葉がキャラメリゼされ内部がやわらかく蒸されるまで焼いた料理です。大きさと密度のあるキャベツはくすぶる炭の中で加熱するのに適していて、ジューシーでスモーキーで、むっちりと味の詰まった仕上がりに。水っぽいコールスローや味気ないキャベツスープしか食べたことがなくてキャベツが嫌いだという人も、この前菜には夢中になりますから！　表面が香ばしく焦げた温かいキャベツと、レモンとスマック由来の柑橘香をもった冷たいヨーグルトソースとの相性も抜群です。シンプルなレシピなので、大人数が集まるならキャベツを１～２個足せばよく、余ったらせん切りにしてタコスのトッピングに。ヨーグルトソースは、ナスやその他のグリル野菜にも合いますし、トマトサラダのドレッシングとしても使えます。

材料：４人分

キャベツ　大１個（約900g）
E.V.オリーブ油　適量
塩（細粒）　適量
ギリシャヨーグルト（プレーン）　240ml
チャイブ（みじん切り）　大さじ２
レモン表皮（細かくすりおろす）　１個分
レモン果汁　1/2個分
スマック　小さじ１

1　チャコールグリルのグレートをはずす。天然木炭を入れて着火し、赤くなるまで燃やして「熾き」の状態にする。

2　丸ごとのキャベツ全体にオリーブ油とたっぷりの塩をすり込む。手に耐火グローブをはめ、熊手（またはショベル）を使って炭の真ん中にくぼみをつくる。キャベツをそっと置き、周辺の炭を熊手でかき集めて、キャベツが完全に熱い炭に埋まった状態にする（このとき、上に何か別の食材をのせて調理してもいい）。グリルに蓋をかぶせ、熱を逃さないよう、炭がすぐに燃え尽きないようにする。通気口を開閉して調整しながら、温度を約200℃に保つ。

3　キャベツの表面全体が黒く焦げて芯までやわらかくなるまで、約1時間焼く。竹串かペティナイフを刺して火通りをチェックし、まだ十分でなければさらに5分間ほど焼く。すぐに食べない場合は、アルミ箔でぴっちりと包んで低温のオーブンに入れて保温しておく。

4　小ボウルにヨーグルト、チャイブ、レモン表皮と果汁、スマックを入れ、均一になめらかになるまで混ぜ合わせる。

5　キャベツを縦に4つ割りにし、それぞれ芯を取り除く。くし形に切って皿に盛り、軽く塩をふってサーブする。手でキャベツの葉をはがし、4のソースにつけて食べる。

Kabocha Squash Hummus

カボチャのフムス

このシルキーなカボチャのフムスを一度食べたら、もう市販のものには手が出ないのでは？炭の中で焼くことで、日本カボチャの栗のような香りと甘みがさらに増します。チャコールフラットブレッド（p.175）かピタパン、そしてピクルスやロースト野菜を添えれば素敵な軽食になります。

材料：6～8人分

カボチャ　1個（約1kg）
ひよこ豆（水煮）　3/4カップ
ギリシャヨーグルト（プレーン）　60ml
タヒニ*　大さじ3
ニンニク（芽を除いてみじん切り）　2片
レモン果汁　1個分
塩（細粒）　小さじ1
エスペレット唐辛子（p.38）
　またはカイエンヌペッパー　小さじ1
コリアンダーシードパウダー　小さじ1/2
ザクロの実　1/2カップ
E.V.オリーブ油　1/2カップ
セージの葉（みじん切り）　4枚
チャコールフラットブレッド（p.175）
　またはピタパン　適量（4等分する）

＊**タヒニ**：ギリシャや中東諸国で一般的な生ゴマのペースト。輸入食材店、ネット通販等で入手可能。

1　チャコールグリルのグレートをはずす。天然木炭を入れて着火し、赤くなるまで燃やして「熾き」の状態にする。

2　手に耐火グローブをはめ、熊手（またはショベル）を使って炭の真ん中にくぼみをつくり、カボチャをそっと置く。すべての面がじかに炭に触れるよう10分間ごとにカボチャを回転させながら均一に火を入れていき、皮全体が黒く焦げ、軽く押すとへこむやわらかさになるまで焼く（約40分間）。トングでつかんで火から下ろし、手でさわれるようになるまで冷ます（約30分間）。

3　ギザ刃の包丁でカボチャの上部を切り取る（盛りつけに使用する）。種をスプーンでかき出して捨てる。身を皮のぎりぎりまでくりぬき（皮を傷つけないように）、フードプロセッサーに入れる。ひよこ豆、ヨーグルト、タヒニ、ニンニク、レモン果汁、塩、エスペレット、コリアンダーシードを加えて、パルス機能で回し、ほぼペースト状になったら側面についた具材をこそげ落とし、さらに回して完全になめらかにする。回転させたまま、E.V.オリーブ油をゆっくりと少量ずつ加えてつなぐ。フムスがかたすぎたら、様子を見ながら水を少量ずつ加えて調整し、再度回す。味を確認し、必要なら塩を足して味をととのえる。

4　身をくり抜いたカボチャの皮に3のフムスを詰め、ザクロの半量を混ぜ入れる。表面にセージと残りのザクロを散らし、カボチャの蓋を添える。フラットブレッドを別に添えてサーブする。

Loaded Yukon Gold Potatoes with Salted Butter, Crème fraîche, Aged Gouda, and Chives

ジャガイモの炭焼き、バターとクレームフレッシュ、熟成ゴーダとチャイブ詰め

ステーキハウスでおなじみのベイクドポテトを、私流の炭火ローストでつくってみました。ジャガイモを炭の中に直接置き、皮が真っ黒に焦げるまで焼いて、クレームフレーシュ、ゴーダチーズ、そして風味リッチなバターをトッピングします。大切なのは、なるべく大きなジャガイモを準備すること。私のレストランではMr.ポテトヘッドくらいのビックサイズを使っています。ジャガイモの大きさと火力にもよりますが、焼き時間は40～50分間が目安。皮全体が黒く焦げて、中心まで火が通れば完成です。私の店でもとにかく人気で、リピート率の高いこと！　本書で紹介する肉のグリルのどれにでもよく合います。

材料：4～8人分

ジャガイモ＊（こすり洗いする）
　できるだけ大きなもの　4個
有塩バター＊　大さじ8
クレームフレーシュ＊　山盛り大さじ8
熟成ゴーダチーズ（細切り）　110g
チャイブ（みじん切り）　大さじ8

＊**ジャガイモ**：原文の推奨品種は、1個330～400g大のユーコンゴールドまたはラセットポテト。
＊**有塩バター**：原文の推奨はアイルランド産の「ケリーゴールド」、フランスのボルディエ社の「ブール・ド・バラッド」。
＊**クレームフレーシュ**：フランス風生クリーム。口当たりに厚みがある。「近いのは、タカナシ乳業のクレームドゥーブル（発酵クリーム）。あるいはマスカルポーネを使っても」（米澤）

VARIATION：
カリカリベーコン（ベーコンビッツ）と黄身がとろとろのポーチドエッグを加えると、超満足なブランチに。その際は、バターを加えてほぐしたあとにベーコンビッツを散らし、ポーチドエッグをのせてクレームフレーシュ、ゴーダチーズ、チャイブをトッピング。

1　チャコールグリルのグレートをはずす。天然木炭を入れて着火し、赤くなるまで燃やして「熾き」の状態にする。手に耐火グローブをはめ、熊手（またはショベル）で炭の真ん中にくぼみをつくってジャガイモを置く。周辺の炭をかき集め、ジャガイモが完全に熱い炭の中に埋まっている状態にする（このとき、上に何か別の食材をのせて調理してもよい）。グリルに蓋をかぶせ、熱を逃さないよう、炭がすぐに燃え尽きないようにする。通気口を開閉して調整しながら温度を約200℃に保ち、ジャガイモの表面が黒く焦げ、芯までやわらかくなるまで焼く（大きさにもよるが、約40分間）。串またはペティナイフを刺してチェックし、火通りが十分でなければさらに5分間ほど焼く。すぐに食べない場合は、アルミ箔でぴっちりと包んで低温のオーブンに入れて保温しておく。

2　ジャガイモに縦に切れ目を入れて開き、バター（1個につき大さじ2）を入れ、フォークでほぐしてジャガイモの中で溶かす。たっぷりのクレームフレーシュ、ゴーダチーズとチャイブをのせる。

Coal-Roasted Carrots with Ricotta, Herbs, and Black Pepper Honey

炭火でローストしたニンジン、リコッタとハーブ添え、ブラックペッパーハニーソース

ニンジンを炭火で焼く以上に、その自然な甘みを引き出してくれる調理法はないでしょう。高温の乾いた熱で焼くことでニンジンの糖分がキャラメリゼされ、さらに、焦がしによるほどよい苦みがその凝縮した甘みを引き立ててくれます。黒コショウとハチミツは私の大好きな組み合わせで、熾き炭で直焼きしたニンジンとの相性も完璧。最後にこのソースをからめて、ピリッとして甘みのある、つやつやな焼きニンジンに仕上げます。なお、ニンジンを焼く際には、グリルバスケットがあったほうが便利です。またニンジンは部分的に焦がすことになるので、ムラサキニンジンを使うなら焦げと間違って身までむきすぎないように。

材料：4～6人分

カラフルニンジン（小ぶりのもの／葉を落とす）
　約900g（約24本）
E.V.オリーブ油　適量
塩（細粒）　適量
ハチミツ　120ml
粗く砕いた黒コショウ粒　大さじ1
無塩バター　大さじ2
リコッタ（できれば羊乳製）　120ml
牛乳　大さじ1
バスクビネガー（p.40）
　またはアップルサイダービネガー　大さじ1
バジルの葉（ハサミで小さく切る）　小4枚
イタリアンパセリの葉　　2枝分
チャイブ（ハサミで約さら1.3cm幅に切る）　2本
オパールバジルの葉（ハサミで小さく切る）
　好みで小2枚
フルール・ド・セル　適量
黒コショウ（挽きたて）　適量

1　チャコールグリルのグレートをはずす。天然木炭を入れて着火し、赤くなるまで燃やして「熾き」の状態にする。

2　ボウルにニンジンを入れ、E.V.オリーブ油で軽くあえ、たっぷりの塩をふってさらにあえる。グリルバスケットに重ならないように並べる。手に耐火グローブをはめてバスケットを炭の上に置き、ショベルで炭を集めてニンジンにかぶせ、熱い炭の中に埋まっている状態にする。ニンジンのところどころが黒く焦げ、芯までやわらかくなるまで5～6分間焼く。串またはペティナイフを刺してチェックする。

3　トングを使ってニンジンをボウルに移し、ラップフィルムをかけて10分間ほど蒸らす。手でさわれるようになったら、キッチンペーパーで皮をこすりながらむく（完璧である必要はなく、焦げが取りきれなくてもよい）。

4　小さなソースパンにハチミツと砕いた黒コショウを入れて弱めの中火にかけ、泡立って濃い琥珀色に変わり始めたら、水大さじ2を加え、ハチミツが少し薄まるまでよくかき混ぜる。バターを加えて泡立て器で混ぜ溶かし、さらに混ぜながら加熱して乳化させる（約5分間）。火から下ろし、蓋をして保温しておく。

5　小ボウルにリコッタと牛乳を合わせ、粒の小さなカッテージチーズ状になるまでほぐす。室温でおいておく。

>>

6　大きなソテーパンにE.V.オリーブ油を引き、中火にかける。**3**のニンジンを並べ、転がしながら中心まで温める（約2分間）。十分に温まったら、**4**のペッパーハニーを加え、ニンジンにつやが出るまでからめながら加熱する（約5分間）。最後にビネガーを加えてからめる。

7　深皿の中央にリコッタを山型に盛り、周りにニンジンを盛りつける。バジル、イタリアンパセリ、チャイブ、オパールバジルを散らす。フルール・ド・セルとペッパーミル3回転分の黒コショウをふり、E.V.オリーブ油を回しかける。

Blackened Beets with Lemon-Scented Horseradish and Dill

黒焦げビーツ、レモン風味のホースラディッシュとディルのソース

私が子どもの頃と比べると、ビーツのイメージは大きく変わりました。あなたが缶詰のビーツで育った人ならこれが嫌いだとしても不思議はありません。私はといえば、若い頃のフランス修業時代にビーツが田舎の農家風ディナーはもちろん、多くの一流レストランでも注目されていることを知り、私自身もビーツをおいしくするあらゆる調理方法に夢中になりました。とくにビーツをローストすると深みと土の香りが引き出され、それは他の調理法では得られないものです。これに、風味豊かなホースラディッシュクリームとフレッシュなディルをのせれば、筋金入りのビーツ嫌いでも間違いなく「うまい」とうなるでしょう。もし、もう少し辛いほうがよければ、ホースラディッシュを1～2時間冷水につけるとソースがよりスパイシーになります。また最近はたくさんの種類のビーツがスーパーやマーケットで手に入るので、色とりどりのビーツでつくれば目にも鮮やかな一品になります。ただし濃い赤色のビーツを使う場合は、包む際もローストする際も他の色のビーツとは別にしないと、すべてが赤く染まってしまうのでご注意を。

材料：4～6人分

クレームフレーシュ＊またはサワークリーム
120ml
ホースラディッシュのすりおろし
（フレッシュまたはチューブ） 大さじ4
ディル（粗みじん切り） 大さじ2
レモン表皮（細かくすりおろす） 1個分
レモン果汁 1個分
エスペレット唐辛子（p.38）
またはカイエンヌペッパー 小さじ1/8
塩（細粒） 適量
ビーツ（1種または数種、直径4～5cm大／皮付きのまま水洗いして葉と茎を切り落とす。葉は取りおく） 中12個
E.V.オリーブ油 60ml
シャンパンビネガー 60ml
黒コショウ（挽きたて） 適量
フルール・ド・セル 適量

＊**クレームフレーシュ**：フランス風生クリーム（p.130 参照）。

1　小ボウルにクレームフレーシュ（またはサワークリーム）、ホースラディッシュ、ディル、レモン表皮と果汁、エスペレット、塩ひとつまみを混ぜ合わせる。ミニ泡立て器でなめらかになるまでよく混ぜる。ラップフィルムをかけ、冷蔵庫で1時間からひと晩冷やして味をなじませる。

2　厚口のアルミ箔を、ビーツを数個ずつ包める大きさに切って広げる。中央にビーツの葉3～4枚を少しずつ重ねてのせ、ビーツを置く。適量のE.V.オリーブ油（分量外）を回しかけて塩をふり、残りの葉でビーツを覆う。アルミ箔の手前と奥を合わせて折り込み、両端をたたんでビーツを包み込む。閉じ目を下にして、別のアルミ箔1枚の上にのせ、同様に包む。さらに別の1枚で包み、三重にする。なお、数種のビーツを使う場合は、色ごとに分けてアルミ箔で包む。

3　チャコールグリルのグレートをはずす。天然木の炭を入れて着火し、赤くなるまで燃やして「熾き」の状態にする。手に耐火グローブをはめ、熊手（またはショベル）を使って炭の真ん中にくぼみをつくる。2のビーツを置き、熊手で周辺の炭をかき集めて包みが完全に炭に埋まっている状態にする。グリルに蓋をかぶせ、熱を逃さないよう、炭がすぐに燃え尽きないようにして30分間焼き、串かペティナイフを刺してチェックし、芯までやわらかくなっていればよい。火の通りが十分でなければ、さらに2分間ほど焼く。

4　トングを使ってビーツの包みを火から下ろし、5分間ほど冷ます。熱い蒸気に注意して、包みをそっと破って開ける。手でさわれるようになったら、葉は捨て、キッチンペーパーで皮をこすりながらむく。半分または4等分に切り、ボウルに入れる（赤いビーツを処理するときは、ワックスペーパーを敷き、ゴム手袋をして作業するとよい。そして他の色のビーツと一緒にしないこと）。

5　小ボウルまたは計量カップにビネガー、水大さじ2（分量外）、E.V.オリーブ油60mlを混ぜ合わせる。ビーツに回しかけ、軽く塩をふってペッパーミル4回転分の黒コショウをふる。

6　皿に**5**のビーツを色ごとに盛り、ボウルに残った液体を同じくビーツの色ごとに分けてかける。ディルとフルール・ド・セルを散らす。**1**のソースを別に添える。

Salt-Crusted Fennel with Olive-Tomato Vinaigrette

フェンネルの塩釜焼き、オリーブとトマトのビネグレット

新鮮なシーフードを塩釜焼きにするのもいいですが（p.149「ロブスターの塩釜焼き」は、この料理に組み合わせるメインディッシュとしてもぴったり）、リコリスに似た甘い香りのフェンネルも塩釜焼きに向く食材です。塩で包むので直接焦がすことなく、塩気を少し吸いこんだとろっとしたやわらかい状態に仕上げます。トマトがごろごろ入った地中海風ビネグレットをかけて食べるので、塩釜のレシピからコーヒーのラブは省いてもかまいませんが、これを使うと別次元のおいしさになります。なお、フェンネルを包んだ塩を固定し、割れるのを防ぐためにチーズクロスが必要です。

材料：4～6人分

トマト　大2個
黒オリーブ（種を除いてみじん切り）　12個
ミントの葉（せん切り）　大4枚
エシャロット（みじん切り）　1本
ケイパー（水気をきる）　大さじ1
シャンパンビネガー　大さじ1
オレンジ表皮（細かくすりおろす）　1/2個分
オレンジ果汁　1/2個分
塩（細粒）　小さじ1/2
E.V.オリーブ油　60ml
粗塩*　6カップ（塩釜用）
コーヒーのラブ（p.55）　大さじ4（好みで）
卵白　120ml（卵約4個分）
フェンネル（葉を切り落とす）　大3株

塩釜焼きに必要なもの：
チーズクロス

＊粗塩：原書の表記は「コーシャーソルト（ユダヤ食材の自然塩）、できればダイヤモンド・クリスタル社」。

1　トマトの（中央の種部分を避けて）4側面を切り取り、皮をむいて約6mmの角切りにする。ボウルに入れ、黒オリーブ、ミント、エシャロット、ケイパー、ビネガー、オレンジの表皮と果汁、塩を加えやさしく混ぜ、E.V.オリーブ油を加えてあえる。ここまでは前日に準備してもよい。密閉容器に入れて冷蔵庫で約3日間の保存が可能。

2　ボウルに粗塩を入れ、好みでコーヒーのラブも入れて混ぜ合わせる。卵白を少しずつ加え入れながら、シリコン製のスパチュラで混ぜる。ほどよく湿り、手で握るとまとまる程度のかたさにする。

3　フェンネル1株を包める大きさのチーズクロスを4枚用意する。小ボウルの中に1枚を広げ、クロスの中央に**2**の塩を厚さ約1.3cmに広げる。塩の中にフェンネル1株を立てて置き、塩で全体を覆う。クロスの四隅を合わせてねじりながら、クロスの外側から塩がフェンネルに均一につくように手で押さえる。ねじったところをタコ糸でしばって固結びにする。残りのフェンネルも同様にする。

4　チャコールグリルのグレートをはずす。天然木炭を入れて着火し、赤くなるまで燃やして「熾き」の状態にする。熊手を使ってならす。手に耐火グローブをはめてフェンネルの塩釜を炭の上に直接置き、トータルで25分間焼く──途中、半分たったところでトングでひっくり返す。焼き上がりは、塩釜が完全に固まり、チーズクロスがところどころ焦げるまでが目安。

>>

5　トングを使ってフェンネルをまな板に移し、5分間ほど冷ます。熱い蒸気に気をつけながら、ナイフで塩釜を割り、手ではがす。フェンネルをくし切りにし、皿に切り口を上にして盛る。**1**のビネグレットを適量かけ、残りは小皿に入れて別に添える。

Corn Elote with Lime, Chile, Cilantro, and Cotija Cheese

メキシコ風焼きトウモロコシ：ライム、チリ、コリアンダー、コティハチーズ

毎年数回、10代の頃の仲間たちとサーフィン旅行に出かけます。砂浜でキャンプをし、皆で火をおこして何でもかんでも焚き火で調理して食べるのが恒例で、毎回必ず食べるものが焼きトウモロコシ。メキシコのストリートフード、エローテ風に、焼きトウモロコシにチリクリームやライムや塩気の強いチーズをぬりたくったらもう最高！　これさえあれば他に何もいらないくらいの、夏の鉄板サイドディッシュです。

材料：4人分

トウモロコシ（皮付き）　4本
マヨネーズ　60ml
クレマフレスカ*またはサワークリーム　大さじ2
アンチョチリパウダー*　小さじ1（好みで足す）
ライム果汁　1/2個分
コティハチーズ*（クランブル状にほぐす）　1カップ
タヒン*　適量
コリアンダーの葉（みじん切り）　1/4カップ
ライム（くし切り／好みで）　適量

＊**クレマフレスカ**：メキシコ風生クリーム。
＊**アンチョチリパウダー**：辛みのない乾燥赤唐辛子、アンチョの粉末（p.39参照）。
＊**コティハチーズ**：塩気のある牛乳製チーズ（p.61参照）。手近な代用案は「カッテージチーズ＋塩（フルール・ド・セル）」。
＊**タヒン**：メキシコの国民的シーズニングで、チリパウダー、塩、ライム果汁の乾燥パウダーを合わせたもの。「なければ、好みのチリパウダーで」（米澤）

1　トウモロコシの皮を開いて（軸からはずさない）、ひげを取り除く。皮を戻して先端をタコ糸でしばり、実を完全に包む（グリル時に灰が中に入り込まないように）。広口の大鍋に入れ、かぶるまで水を注ぐ。鍋や皿などをのせてトウモロコシが完全に水に浸かった状態にし、30分間から1時間おく。こうすることでグリル時に、燃えたり実が乾いたりすることを防ぐ。

2　その間に、小ボウルにマヨネーズ、クレマフレスカまたはサワークリーム、アンチョパウダー、ライム果汁を合わせる。皿にほぐしたコティハを広げる。

3　チャコールグリルのグレートをはずし、天然木炭を入れて赤くなるまで燃やして「熾き」の状態にする。熊手を使ってならす。手に耐火グローブをはめ、炭の上にトウモロコシを並べる。トングを使ってときどき向きを変えながら15～20分間焼く。皮のところどころが焦げ、一部の実が黒くなっていればよい。

4　トウモロコシの皮を根元まではがし、ひとつに集めて持ち手にする。**2**のソースをたっぷりとぬってチーズの上で転がし、全体にまぶす。タヒンとコリアンダーの葉をふりかけ、ライムを添える。

Charred Artichokes with Lemon Aioli

焦がしアーティチョークとレモンアイオリ

スペインやイタリアに旅行してすっかり気に入ったのが、アーティチョークを高温の炭の中に突っ込んで、究極のマジックが起きるのを待つという、シンプルで、それでいてじつは複雑な調理法です。ここでは、アーティチョークに地中海風味のハーブオイルを含ませながら炭火で焼き、カリカリに焼けたガクの香ばしさ、うっとりするようなスモーキー香をきわ立てていきます。グリルして風味の増したアーティチョークをつまんでレモンアイオリにディップして食べる、手づかみスタイルのアペタイザーです。

材料：4～6人分

E.V.オリーブ油　120ml
バジルの葉（みじん切り）　大4枚
イタリアンパセリ（みじん切り）　4枝
ニンニク（芽を取り除き、みじん切り）　2片
エシャロット（みじん切り）　1/2本
塩（細粒）　小さじ1
唐辛子フレーク　小さじ1/2
アーティチョーク　大4個（計約900g）
フルール・ド・セル　適量
黒コショウ（挽きたて）　適量
レモンアイオリ（p.147）　適量

1　小ボウルにE.V.オリーブ油、バジル、イタリアンパセリ、ニンニク、エシャロット、塩、唐辛子フレークを混ぜ合わせ、室温においておく。

2　アーティチョークの根元の茎を切り落とす（まっすぐに立つように）。先端を約1.3cm切り落とし、指でガクをやさしく押し開いて花托を露出させる。開いたところに**1**のハーブオイルを（1個につき）大さじ2程度注ぎ入れる。

3　チャコールグリルのグレートをはずす。天然木炭を入れて着火し、赤くなるまで燃やして「熾き」の状態にする。熊手を使ってならす。手に耐火グローブをはめ、トングを使ってアーティチョークを炭の上に立てて置く。外側のガクが焦げるまで20～25分間焼き、グリルに蓋をかぶせてさらに10～15分間、ガクが簡単に引き抜け、花托がやわらかくなるまで焼く（串またはペティナイフを刺してチェックする）。

4　アーティチョークをまな板に移し、5分間ほど冷ます。縦に4等分し、中心に繊毛が残っていたらスプーンでかき出す。皿に切り口を上にして盛り、フルール・ド・セルとペッパーミル6～8回転分の黒コショウをふる。レモンアイオリを別に添える。

>>

Lemon Aioli

レモンアイオリ

アイオリとは、“ひとひねりしたマヨネーズ”です。アーティチョーク以外にもグリルした魚や、サンドイッチのスプレッドとしても使えます。

材料：約1カップ分

マヨネーズ　240ml
ディジョンマスタード　大さじ1
レモン果汁　1個分（必要に応じて足す）
イタリアンパセリの葉（みじん切り）　1/4カップ
ニンニク（芽を除いてみじん切り）　2片
E.V.オリーブ油　大さじ3
塩（細粒）　適量
エスペレット唐辛子（p.38）
　またはカイエンヌペッパー　適量

1　小ボウルにマヨネーズ、マスタード、レモン果汁、イタリアンパセリ、ニンニクを混ぜ合わせる。泡立て器でやさしく混ぜながらE.V.オリーブ油をゆっくりと少量ずつ加え、ふっくらとなめらかになるまで混ぜる。塩とエスペレットで味をととのえる。

2　ラップフィルムをかけ、冷蔵庫で最低30分以上冷やす。アイオリはねかせたほうが風味が増す。前日に準備でき、冷蔵庫で約1週間の保存が可能。状態を見て必要なら、水またはレモン果汁大さじ1を加えてのばす。

440

Salt-Baked Whole Maine Lobster with Herbs and Lime

ロブスターの塩釜焼き、ハーブとライム添え

“塩釜焼き”というといかにもご大層ですが、塩と卵白を混ぜたところに材料を埋めて包むだけの、砂遊びのようなものです。塩で密封された食材にはやさしく均一に火が入ります。炭の中からいざ取り出して割るや、カチカチの塩の塊の中からしっとりとした香り高い宝物が現れます。殻付きロブスターを1尾丸ごと出すだけでも十分なご馳走ですが、それを炭の中で塩釜焼きにすれば、プレゼンテーションとしても最高に盛り上がることまちがいなし(しかもじつは簡単)。焼き上がった身は甘くてぷりぷり。口の中にかすかなスモーキー香がただよいます。唯一の難点は食材の状態を途中でチェックできないことで、そのためにもレシピの焼き時間を守ってください。ロブスターを包んだ塩を固定し、割れるのを防ぐためにチーズクロスが必要です。人数が増えるなら、分量を単純に等倍で。

材料：2人分

活けロブスター（オマール海老）＊　1尾（約700g）
ホワイトビネガー（蒸留酢）　120ml
粗塩＊　8カップ（塩釜用）＋大さじ1（下ゆで用）
卵白　240ml（約8個分）
フルール・ド・セル　適量
エスペレット唐辛子（p.38）
　またはカイエンヌペッパー　適量
チャイブ（みじん切り）　4本
イタリアンパセリ（粗みじん切り）　3枝
タラゴン（粗みじん切り）　2枝
E.V.オリーブ油　適量
ライム（半分に切る）　1個

＊活けロブスター：原文では「メイン州産活けロブスター」。
＊粗塩：原文の推奨は「コーシャーソルト（大粒の自然塩）、できればダイヤモンドクリスタル社」

塩釜焼きに必要なもの：
チーズクロス

1　深鍋の4分の3まで水を入れ、ビネガーと粗塩大さじ1を加える。強めの中火にかけて沸騰させる（ビネガーを加えると、ゆでたロブスターの身を殻からはずしやすくなる）。

2　大きなボウルの半分まで水を張り、製氷皿1枚分の氷を入れる。沸騰した湯にロブスターをそっと入れ、1分間ゆでる。トングで引き上げて氷水のボウルに入れ、完全に冷たくなるまで2〜3分間冷やす。まな板に移し、ハサミで触覚と足を切り落とす。

3　大きなボウルに粗塩8カップを入れ、卵白を少量ずつ加えながらシリコン製のスパチュラで混ぜる。ほどよく湿り、手で握るとまとまる程度のかたさにする。

4　チーズクロス（約45cm四方）を2枚用意する。天板に1枚を広げ、中央に3の塩を厚さ約1.3cmの長方形（ロブスターよりひと回り大きく）に広げる。腹を下にしてロブスターをのせ、残りの塩をかぶせて身全体を均一に覆う。クロスを手前から巻き込み、左右の端を折り込んでさらに巻いて塩釜をしっかりと包み込む。別の1枚のクロスで同様に包み、二重にする。

5　チャコールグリルのグレートをはずす。天然木炭を入れて着火して、赤くなるまで燃やして「熾き」の状態にする。熊手を使ってならす。手に耐火グローブをはめ、ロブスターを（背を下にして）炭の上に直接

>>

のせる。6分間焼いて、トングでつかんでひっくり返し、腹側をさらに6分間焼く（チーズクロスが黒く焦げるまで）。

6　トングでロブスターをつかんでまな板に移し、10分間ほど冷ます。グローブをはめた手で塩釜をしっかり押さえ、熱い蒸気に気をつけながらナイフで塩釜を割り、手またはスプーン2本を使って塩をはがす。

7　ロブスターを縦半分に切り、身を上にして皿に盛る。フルール・ド・セルとエスペレットを軽くふりかける。チャイブ、イタリアンパセリ、タラゴンのミックスを散らしてE.V.オリーブ油を回しかけ、ライムを搾りかける。

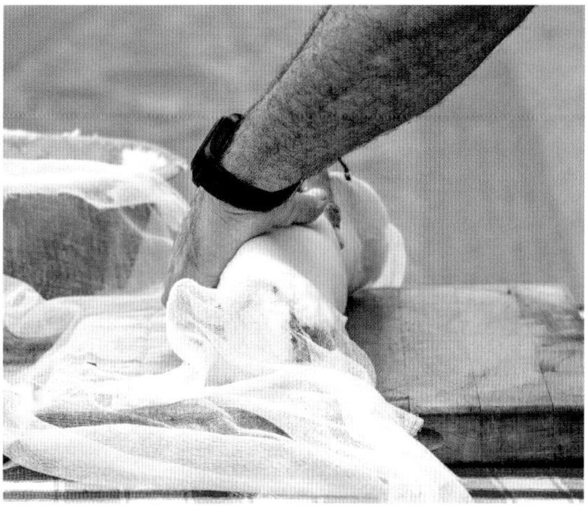

Whole Branzino Stuffed with Fennel and Lemon

スズキの姿焼き、フェンネルとレモン詰め

大きな魚の姿焼きは見栄えがしますし、骨付きで焼いた身はしっとりとして旨み十分に仕上がります。地中海で好まれるスズキ（ヨーロッパスズキ）はオーブン焼きかグリルにされることが多い魚ですが、私は熱い炭の上にじかに置いて旨みを凝縮する方法を好んでいます。意外にむずかしくなく、しかも効果は抜群。魚はうろこ付きのものを用意してください。うろこがバリアになって身が乾燥するのを防いでくれるからです。なお、焼きの後半は、グリルに蓋をかぶせたほうが魚に均一に火が入ります。スズキに限らず、身の締まった他の白身魚に使える調理方法です。サイドディッシュには、スズキと風味の相性のよい「フェンネルの塩釜焼き」（p.139）をぜひ。あるいは、この料理で残ったフェンネルの株を薄くスライスしてセルバチコ、レモン果汁、上質なオリーブ油、塩とコショウであえたサラダにするのもおすすめです。

材料：4人分

スズキ（約700g大／うろこは付けたまま、ひれと内臓を掃除する）　2尾
塩（細粒）　適量
黒コショウ（挽きたて）　適量
レモン　3個
フェンネルの葉と茎（粗みじん切り）　1株分
E.V.オリーブ油　適量
フルール・ド・セル　適量

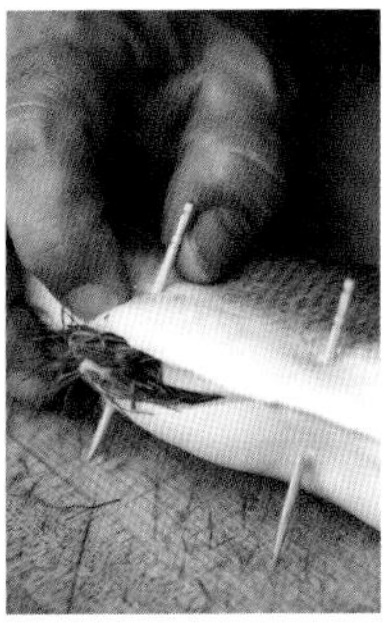

1　スズキの腹の中にたっぷりの塩と黒コショウをふる。レモン1個を縦半分に切ってから半月形にスライスし、腹の中にフェンネルとともに詰める。詰めたものが落ちないよう、つま楊枝4～5本で腹の口を留める。

2　チャコールグリルのグレートをはずす。天然木炭を入れて着火し、赤くなるまで燃やして「熾き」の状態にする。熊手を使ってならす。手に耐火グローブをはめ、トングを使って魚を炭の上に直接のせる。6分間焼いて、トングとスパチュラを使ってそっとひっくり返す。グリルの蓋をかぶせて通気口を開け、さらに6分間焼く。

3　魚を、フライ返しなどを使ってまな板にそっと移し、10分間休ませる。骨付きのおかげで冷めることはなく、休ませる間にしっとりとする。その間に残りのレモン2個を横半分に切り、グレートをセットしたグリルにのせて（切り口を下に）、軽く焦げ目がついて果汁が沸くまで4分間焼く。

4　魚を乾いたまな板に移し、つま楊枝をはずす。スプーンまたは指（キッチン用グローブをするとよい）で、片面ずつ皮をすべてむく。きれいな白身を損なわないように注意する。

5　魚の中心に、尾から頭に向かってナイフで縦に切

>>

り目を入れ、切り口にナイフをそっと差し入れて背身を中骨から離し、腹身も同様に離す。フィレに小骨があれば取り除く。中央の背骨を尾側から引きはがして、頭ごと除く。身の形を整え、詰めもののフェンネルとレモンを取り出す。下身の小骨も取る。

6　皿に盛り、E.V.オリーブ油を回しかけてフルール・ド・セルをふる。食べるときにグリルしたレモンを搾りかける。

Black Cod Wrapped in Banana Leaf with Honey, Dijon, and Miso

ギンダラのバナナリーフ包み焼き、ハニーマスタードと味噌風味

ギンダラ（英語でブラックコッド）は名前にタラ（コッド）とついてはいても、タラの仲間ではありません。しかも一部の市場で、そのリッチな味わいからバターフィッシュ（＝マナガツオ）と呼ばれることもあり、少々ややこしい。ともあれ米太平洋岸の深海で獲れるギンダラは、脂がのっているので高温で焼くのに適しています。この料理は「NOBU」の松久信幸シェフのシグネチャーである「ギンダラの味噌焼き」に、フレンチ風アレンジとして甘くてスパイシーなハニーマスタードを加え、味噌の塩分をやわらげたものです。マリナードは少ない材料で簡単につくれ、風味はすばらしく、しかもキャッチーなプレゼンテーション。バナナの葉が必要ですが、中南米やアジア系のスーパーの冷凍コーナーで入手できます。葉で包むことで魚は蒸し焼き状態となってふっくらジューシーに仕上がり、また、草や花を思わせるバナナの葉の香りを炭のスモーキーさが引き立て、包みを開けたときは南国にトリップできます。蒸したジャスミンライスと炒めたターサイなどのアジアの葉野菜、シイタケを添えてどうぞ。

材料：4人分

ディジョンマスタード　1/2カップ
ハチミツ　1/2カップ
白味噌　大さじ4
レモン果汁（搾りたて）　60ml（約2個分）
ギンダラの切り身（皮なし、厚さ約1.3cm／小骨を除く）
　約170g×4枚
バナナの葉（冷凍品は解凍する／一辺30cmの正方形にする）
　4枚
ワケギ　2本（青い部分のみ斜め薄切り）
コリアンダーの葉　軸4本分

1　ボウルにマスタード、ハチミツ、味噌、レモン果汁を入れ、泡立て器でなめらかになるまで混ぜ合わせる。バットなどにギンダラの切り身を並べて、このマリナードをまんべんなくかけ、切り身を何度かひっくり返して全体にからめる。ラップフィルムをかけ、冷蔵庫で6時間からひと晩漬け込む。

2　チャコールグリルのグレートをはずし、天然木炭を入れ、赤くなるまで燃やして「熾き」の状態にする。柄の長いトングでバナナの葉を1枚ずつつかみ、つやが出てやわらかくなるまで炭火であぶる（約30秒間）。これは、魚を包みやすくするため。

3　バナナの葉1枚に魚の切り身1枚を（手前半分ののところに）のせる。葉を手前から巻いて完全にくるみ、左右の端を折り込んで長方形の包みをつくる。一辺30cm四方のアルミ箔にこれをのせ、同様に包む。

4　手に耐火グローブをはめ、アルミ箔で包んだ魚を炭の上に直接のせる。3分間焼いたらトングでそっと裏返してさらに3分間焼く。バットなどに移し、5分間休ませる。身が中心まで白くなり、ほろほろとほぐれる状態ならできあがり。アルミ箔をはずす。

>>

5　バナナの葉で包んだまま皿に盛ってサーブし、ワケギとコリアンダーをトッピング用に別に添える。包みを開けて立ちのぼる香りを楽しんでもらう。

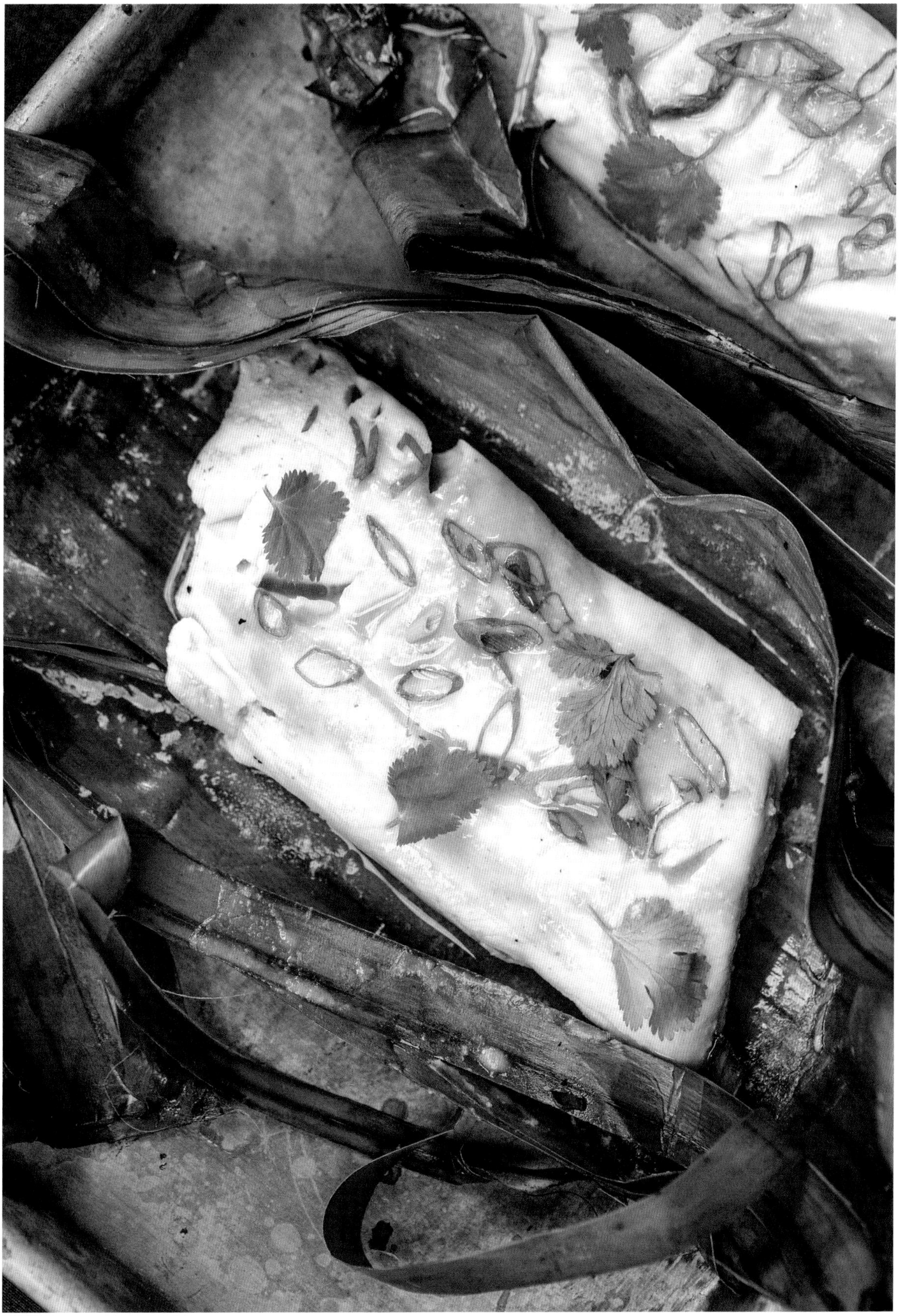

Eisenhower Sausage and Peppers Hero

アイゼンハワーソーセージとパプリカのヒーローサンドイッチ

ドワイト・アイゼンハワーはアメリカ合衆国の第34代大統領ですが、実はそれだけではありません。彼こそ、熱した炭の上でじかにステーキを焼いた張本人なのです。「アイゼンハワー・ステーキ」として知られるその手法こそ、この章（「炭の中で焼く」）の土台であり、「チャコール」というレストランおよび本書のユニークさを決定づける重要部分です。このメソッドを使って、おなじみのヒーローサンドイッチを私なりにアレンジしたのがこれ。炭の上で直接焼いたソーセージ、パプリカ、玉ネギを使うことで、いつものストリートフード が別次元のおいしさになっています。

材料：4人分

ポブラノペッパー＊　大1個
赤パプリカ　1個
黄パプリカ　1個
玉ネギ（皮付き）　1個
バルサミコ酢　大さじ1
E.V.オリーブ油　大さじ1
塩（細粒）　適量
黒コショウ（挽きたて）　適量
生サルシッチャ（イタリアンソーセージ）　4本
バゲット＊（端を切り落として4等分）　1本
ディジョンマスタード　大さじ2
粒マスタード　大さじ2
セルバチコ　1カップ

＊**ポブラノペッパー**：フレッシュの青唐辛子（p.61参照）。緑パプリカで代用。
＊**バゲット**：原文では「天然酵母のサンドイッチ用ロール、またはバゲット」。

1　チャコールグリルのグレートをはずし、天然木炭を入れる。着火して、赤くなるまで燃やして「熾き」の状態にする。熊手を使ってならす。

2　手に耐火グローブをはめ、ポブラノ、パプリカ、玉ネギを炭の上に直接のせる。ポブラノとパプリカは早めに焦げるので、30秒から1分間ごとにトングで向きを変えながら、全面を黒く焦がす。玉ネギはやわらかくなって縁が色づくまで、10～12分間焼く。

3　ステンレス製耐熱ボウルにポブラノとパプリカを入れ、ラップフィルムをかけて約10分ほど蒸らし、しんなりさせる。真っ黒に焦げた皮をむき、縦半分に切り、わたと種を取り除く。横に細切りにし、ボウルに戻す。玉ネギを縦半分に切り、皮をむいて横に薄切りし、ボウルに入れる。バルサミコとE.V.オリーブ油を加え、塩とペッパーミル3回転分の黒コショウで味をととのえる。

4　加熱中に破裂しないよう、ソーセージの表面全体をフォークで突いて軽く穴をあける。手に耐火グローブをはめ、ソーセージを炭の上に直接のせて、トングでときどき焼き面を変えながら8～10分間焼く。**3**のボウルに移す。グリルにグレートをセットし、ボウルをいちばん温度の低い場所にのせて保温しておく。

5　パンに縦半分に切り込みを入れ（完全に切り離さないように）、切り口を下にしてグリルにのせ、約1分間焼く。

6　小ボウルにディジョンマスタードと粒マスタードを混ぜ合わせ、パンの下半分にぬる。**1**のペッパーオニオン（たっぷり）、ソーセージ、セルバチコひとつかみを挟む。

WITH THE COALS

炭に触れて焼く

「生きた火（ライブファイヤー）」によってすべてのものを料理するレストランを開店するのは、簡単なことではありませんでした。許認可の問題もそうですが、ゲストに十分に楽しんでもらえるバラエティに富んだ独創的なメニューをつくる必要があったからです。「グリル」「スモーク」「炭埋め焼き」…この3つは、生きた火だけが与えうるスモーキーで深みのある味わいを実現する必勝の調理法ですが、一方に、肉や魚に対するより繊細なアプローチもほしい。私たちは“炭キッス法”――熾き炭に食材を軽く触れさせ、ダイレクトにプロテインを変質させる方法を試し始めました。

少し前に東京に行ったときのことです。お寿司屋さんのシェフが鰻や鮭のハラスに熱した炭を押し付け、絶妙な焼き目をつけていく様子に見とれながら、同時にヒントを得ました。少し嫌な臭いがつくガストーチとは異なり、肉や魚を炭に直接あてると、ほんの表面だけに火が入り、甘くスモーキーな風味が加わります。しかも、生の状態とは異なる独特の食感になるのです。熾き炭と食材を接触させ、ウッディなスモーク香と焦げ目をつけていくアイディアに私はすっかり魅了され、帰国してからさまざまな試みを行い、今では私たちのメニューの重要な一部となっています。どうぞ「キハダマグロのたたき」(p.163)、「ホタテのカルパッチョ」(p.167)、「ニューヨークストリップの片面焼き」(p.171)に挑戦してください。そしてこのパフォーマンスをするなら、ぜひとも観客の目の前で！　つくるのも見るのも楽しいですから。成功のポイントは、赤々と熾きた大きなサイズの炭を使うこと。そして金網をのせた天板と、柄の長い金属製トングを2個は必ず用意してください。

生きた火を使う以外に、炭のスモーキーなニュアンスをつけるもうひとつの方法が、活性炭を加えることです。食品グレードの活性炭は多くの場合ココナッツの殻や木材を超高温で加熱処理した際の副産物で、健康食品店やオンラインで粉末タイプが販売されています。解毒剤としても使われているこの黒い魔法の粉は、料理やドリンクにほのかなスモーキー感と人目を惹く漆黒の色味を与えてくれます。

Ahi Tuna Tataki with Yuzu, Shiitake, and Radish

キハダマグロのたたき、柚子とシイタケのビネグレットとラディッシュ

「たたき」は、肉や魚の表面をさっとあぶり、中はレアのまま、表面に軽い焦げ目をつける日本の調理法です。これは私流の方法ですが、マグロのサクを真っ赤に熾きた炭にさっと押し当て（マグロと火のキッスです）、スモーキーな風味と焼き目をつけて薄くスライスしました。醤油の旨みと塩気、米酢の甘み、柚子の酸味が一体となって、肉にも似たマグロの力強い味わいを引き立てます。

材料：4人分

グレープシード油　大さじ2
シイタケ（汚れをふき取る）　6個
塩（細粒）　適量
柚子こしょう　小さじ2
柚子果汁またはライム果汁　大さじ1
醤油　大さじ1
米酢　大さじ1
E.V.オリーブ油　60ml
トマト*（種を取り除き、小角切り）　1個
ワケギ（青い部分のみ／斜め薄切り）　2本
キハダマグロのサク　約230g
フルール・ド・セル　適量
ラディッシュ（スライサーで極薄切り）　2個

＊トマト：原文の指定品種はローマトマト（イタリア系の縦型のトマト。果肉がかためで風味が濃い）。

NOTE：柚子こしょう
柚子と唐辛子を原料にした日本の調味料で、瓶詰めまたはチューブ入りがアジア系スーパーで販売されている。柑橘の香り高いスパイシーなペーストで、あらゆる料理をおいしくする。酸味と辛みのパンチを効かせてくれる絶妙な隠し味で、日本風の料理にはもちろん、グリルした肉や魚、野菜、スープにも少量添えることでアクセントを加えてくれる。

1　大きなソテーパンにグレープシード油を引き、弱めの中火にかける。シイタケを入れて軽く塩をふり、水分が出て色づき始めるまでソテーする（3～5分間）。まな板に移し、小角切りにする。

2　ボウルに柚子こしょう、柚子果汁、醤油、米酢、水大さじ1を入れ、小さなスプーンまたは泡立て器で、柚子こしょうが完全になじむまで混ぜ合わせる。混ぜながら、E.V.オリーブ油を少量ずつ加えて乳化させる。**1**のシイタケ、トマト、ワケギを加えて混ぜる。味がなじむまで室温におく。

3　チャコールグリルのグレートをはずす。天然木炭を少量入れ、炭が赤くなるまで燃やして「熾き」の状態にする。炭は、マグロを（その中で焼くためではなく）軽く焦がすためだけに使うので、少量でよい。

4　天板に金網を置き、マグロをのせる。トングで大きめの熾き炭をつかんでマグロの上にのせ、数秒間押しつけては場所を変える……を繰り返し、表面全体を軽く焦がす。炭は取り出して30秒もすると冷めるので、適宜熱い炭に換える（炭が熱いほど食材は張りつきにくいが、張りついてしまった場合は調理用トングを使ってそっと炭からはがす）。

5　マグロをまな板に移し、乾いた刷毛で灰を払う。スライスして、ずらし重ねながら皿盛りする。フルール・ド・セルを軽くふり、**2**の柚子のビネグレットを回しかけ、ラディッシュの薄切りを添える。

Shrimp Scampi with Lemon, Parsley, and Garllic

シュリンプ・スキャンピ*、
レモンとパセリとニンニク風味

ホームメードピザをつくるときはもちろん、さまざまな用途に使える便利なアイテム、それが「ピザストーン」です。セラミック製の円形や四角形の板で、高温に対応し、熱を長く保ってくれます。この料理を、テラスのテーブルに集うゲストの目の前でつくったら絶対にクールです。炭の中で熱したピザストーンをレンガの上に置いて（これは安全のため）、皆が見ているところで大ぶりの海老をささっと調理してみせましょう。やはり火の通りが早いイタヤ貝やイカリングでも同様にできます。なお、この調理方法は必ず屋外で行ってください。レンガはホームセンターで、ピザストーンはキッチン用品やバーベキュー用品としてネット通販等で調達できます。

材料：4人分

イタリアンパセリ（みじん切り）
　大さじ2（別に、飾り用に少量）
ニンニク（芽を取り除き、みじん切り）　2片
レモン表皮（細かくすりおろす）　1個分
レモン果汁　1個分
塩（細粒）　小さじ1
唐辛子フレーク　小さじ1/4
E.V.オリーブ油　60ml
海老（殻をむいて背を切り開き、ワタを取る）
　16/20サイズ（22～29g）12尾
エスペレット唐辛子（p.38）
　またはカイエンヌペッパー　適量

ストーン焼きに必要なもの：
レンガ
ピザストーン

＊シュリンプ・スキャンピ：海老をバターやオリーブ油、豚脂などで炒め、ニンニクなどで旨みづけしたアメリカ料理。

>>

1　レンガ2個をそれぞれアルミ箔で包み、食事をする予定のアウトドアテーブルにのせる。このレンガがピザストーンの台になる。熱したピザストーンをのせるので、ストーンの幅に合う大きさのレンガを用意すること。

2　チャコールグリルのグレートをはずす。天然木の炭を入れて着火し、赤くなるまで燃やして「熾き」の状態にする。ピザストーンを炭にじかにのせ、20〜30分間加熱する。

3　小ボウルにイタリアンパセリ、ニンニク、レモンの表皮と果汁、塩小さじ1、唐辛子フレークを合わせ、E.V.オリーブ油60mlを加えてよく混ぜる。

4　ボウルに海老を入れ、適量のE.V.オリーブ油と塩、エスペレットを加えてあえる。**3**のボウルと一緒にテーブルに運ぶ。ここで、ゲストに集まってもらう。

5　熱したピザストーンをトングを使って慎重にテーブルに運び、レンガの上に置く（必ず屋外で行うこと）。海老をピザストーンの上に並べる。すぐにジュージューと音を立て、煙が出る。海老が白っぽくなり丸まってきたら、トングでつかんでストーンにそっと押し付けて焦げ目をつける。適宜面を変えながら、全面を焼く。焼き上がりまでトータル約3分間。仕上げに**3**のパセリオイルをかけて、よくからめる。イタリアンパセリを散らしかける。

Scallop Carpaccio with Chimichurri and Lemon Bread Crumbs

ホタテのカルパッチョ、チミチュリとレモンパン粉がけ

屋外のディナーパーティーにぴったりのシンプルで優雅な前菜――魚介のメインディッシュにもなります。素材本来の味わいがストレートに出る料理なので、とびきり新鮮なホタテが必要です。それをカルパッチョ風に薄切りして、片面だけを炭でさっと焦がすと「生」と「焼き」の両方の味わいが楽しめます。ほのかな灰の風味がホタテの自然な甘みを引き立て、おだやかなスモーキーさも加わり、口に入れるととろけるよう……。ホタテの身はやわらかく繊細で、炭が十分に熱くなっていないとくっついてしまいがちなので、必ず赤々と熾きた、温度の下がりにくい大きめの炭を使ってください。ソースのチミチュリはさわやかな酸味をホタテに与えてくれます。よりシンプルに仕上げたいなら、上質なオリーブ油とレモン果汁少量、イタリアンパセリのみじん切りをかけても。

材料：4人分

ホタテ貝柱*（生食用／50～60g大）　4個
E.V.オリーブ油　適量
フルール・ド・セル　適量
スモークパプリカ風味のチミチュリ、マスタードシードのピクルス入り（p.36）　1/2カップ
レモンパン粉（p.77）　1/4カップ

＊**ホタテ貝柱**：原文の指定は、「ダイバーによる手捕りホタテ（殻からはずして掃除する）」。

1　チャコールグリルのグレートをはずす。天然木の炭を少量入れ、炭が赤くなるまで燃やして「熾き」の状態にする。炭は、ホタテを（その中で焼くためではなく）軽く焦がすためだけに使うので、少量でよい。

2　ホタテを横に薄切りし、1個を4～5枚に切り分ける。皿に並べ、表面に少量のE.V.オリーブ油を刷毛でぬる。

3　天板に金網を置く。トングで熾き炭をつかみ出して網にのせる。ホタテのスライスを、油をぬった面を下にして炭にそっとのせ、5秒間おく。炭に触れた面は乳白色に変わり、少しスモーキーな灰が付着する。炭は取り出して30秒もすると冷めるので、適宜熱い炭に換える（炭が熱いほど食材は張りつきにくいが、張りついてしまった場合は調理用トングを使ってそっと炭からはがす）。

4　乾いた刷毛で灰を払う。焼きつけた面を上にしてホタテを皿に重ね盛る。フルール・ド・セルを軽くふり、チミチュリソースをホタテの上と周りにかけ、レモンパン粉を散らす。

Eggs Black Benedict

ブラックエッグベネディクト

ブランチの主役、エッグベネディクト。もともとデカダン芸術風のヴィジュアルですが、さらにベルベットのようになめらかな漆黒のオランデーズソースを加えたら、誰の目も釘付けになるはず。子供の頃、週末に祖父母の家に行くと必ずエッグベネディクトをリクエストしたもので、「チャコール」をオープンした際も当然、まず何より先にブランチメニューにこれを入れました。そして考えたのは、この誰からも愛される普遍的な料理に「この店らしさ」を加えるにはどうすればいいか。その答えが、スモーキーな黒いオランデーズソース。とろりとした黄身が黒いソースの中に広がっていくのを見るのはまさに快感です。

材料：4人分

田舎パン　8枚（厚さ約1.3cm）
厚切りスモークハム　4枚
E.V.オリーブ油　適量
卵　大8個
ホワイトビネガー（蒸留酢）　大さじ1
焦がしトマトソース（p.80）　120ml
黒コショウ（挽きたて）　適量
塩（細粒）　適量
チャイブ（みじん切り）　2本

［**オランデーズソース**］
卵黄　大2個
活性炭（粉末／p.54）　大さじ1
レモン果汁　1/2個分
無塩バター（温めて溶かす）　225g
塩（細粒）　小さじ1/4
カイエンヌペッパー　ひとつまみ

1　チャコールグリルまたはガスグリルを中温（約180°C）に予熱する。

2　パンとスモークハムの両面にオリーブ油を刷毛でぬる。熱したグリルにのせ、ハムは両面4分間ずつ、パンは両面1分間ずつ焼く。火から下ろしてハムをパンと同じ大きさにカットする。

3　オランデーズソースをつくる。ステンレス製のボウルに卵黄、活性炭、水大さじ1（分量外）、レモン果汁を入れ、軽くとろみがつくまで泡立てる。ふるふると静かに湯を沸かしているソースパンにボウルを重ね（ボウルの底が湯に触れないように）、空気を含んで倍量になるまで泡立て続ける。卵に熱が入りすぎないよう（スクランブルエッグ状になってしまう）に注意し、卵がかたくなりだしたらボウルを鍋から離して泡立てる。

4　火を止めていったんボウルを下ろし、鍋の口に濡れ布巾をかけてボウルを戻す。ボウルに溶かしバターをゆっくりと少量ずつ加え、空気を含んで倍の量になるまで泡立て続ける。ボウルを下ろし、塩とカイエンヌペッパーを加えて混ぜる。ラップフィルムをかけて、使うまで温かい場所に置いておく。もしソースがもったりしすぎていたら、食べる直前にぬるま湯を数滴加えてのばし、泡立て器で混ぜる。

5　ポーチドエッグをつくる。広口のソースパンの半分まで水を入れてビネガーを加え、中火にかけて静かに沸騰させる。卵1個を小さなカップ等に割り入れ、静かに泡が出ている程度に沸いている湯に近づけ、そっと落とす。卵と卵の間隔を空ければ、一度に2～3個を同時に調理できる。白身が固まり、黄身が半熟になるまでゆで（約3分間）、穴じゃくしですくい上げ、キッチンペーパーを敷いた皿に移して水気をきる。

6　皿にパン2枚をのせ、それぞれに焦がしトマトソース大さじ1をぬり、グリルしたハム、ポーチドエッグの順にのせる。塩と黒コショウをふり、オランデーズソースをかける。チャイブを散らす。

Singed New York Strip with Beef Fat Vinaigrette

ニューヨークストリップの片面焼き、牛脂のビネグレット

ロサンゼルスにあまたある韓国風焼き肉店からヒントを得た一品です。ステーキ肉の薄切りを熱した炭にのせて片面だけさっと焼き、外側は軽く焦げ目をつけてスモーキーに、中はやわらかなレアに。ユニークな調理法で、皆の注目を集めること間違いなし！

材料：4人分

ドライエイジングの
　プライムニューヨークストリップステーキ
　（骨なし／厚さ約4cm／340～400g）　1枚
E.V.オリーブ油　適量
フルール・ド・セル　適量
牛脂のビネグレット（p.172／室温に戻す）　1/2カップ
黒コショウ（挽きたて）　適量
チャイブ（みじん切り）　2本
パルミジャーノ・レッジャーノ（ピーラーで削る）
　60g

1　チャコールグリルのグレートをはずす。天然木炭を少量入れて着火し、炭が赤くなるまで燃やして「熾き」の状態にする。炭は肉を（その中で焼くためではなく）軽く焦がすためだけに使うので、少量でよい。

2　天板に金網をセットする。ステーキ肉を薄切りして（約25枚のスライス）、重ねずに皿に並べる。なお、テール側の端はスジが多く、この料理には向かないので使用しない。肉の表面にE.V.オリーブ油を軽く刷毛でぬる。

3　グリルから大きめの熾き炭をトングでつかみ出し、金網にのせる。スライス肉を1枚ずつ、油をぬった面を下にしてそっと炭にのせ、5秒間おく。炭に触れた面の色が変わり、スモーキーな細かい灰に覆われてくる。炭は取り出して30秒もすると冷めるので、適宜熱い炭に換える（炭が熱いほど食材は張りつきにくいが、張りついてしまった場合は調理用トングを使ってそっと炭からはがす）。

4　乾いた刷毛で肉の灰をはらい、皿に盛る。フルール・ド・セルをふり、牛脂のビネグレットを肉の上と周りにかける。ペッパーミル6回転分の黒コショウをふり、チャイブとパルミジャーノを散らす。

>>

Beef Fat Vinaigrette

牛脂のビネグレット

牛脂を加えて肉のコクをもたせたビネグレットです。とろりと濃厚で、肉のニュアンスがあり、ステーキはもちろん、エンダイブやスイスチャードなど味のある葉野菜にもよく合います。牛脂はお肉屋さんで安く手に入ります。残ったビネグレットの脂が固まっていたら、必ず温め直すか、室温に戻してから使ってください。

材料：約3/4カップ分

牛脂（小角切り） 100g
ディジョンマスタード 小さじ1½
ニンニク（芽を取り除き、叩きつぶしてペースト状にする） 小1片
エシャロット（みじん切り） 小1/2本
シェリービネガーまたはバスクビネガー（p.40） 60ml
塩（細粒） 小さじ1/2
黒コショウ（挽きたて） 適量
グレープシード油 60ml
E.V.オリーブ油 大さじ1
レモン果汁 1/4個分
チャイブ（みじん切り） 3本

1 小さなソースパンに牛脂を入れて水120mlを加え、弱めの中火にかける。脂が完全に溶け出し、水が蒸発するまで15～20分間静かに煮立てる。目の細かい漉し網に通す。50～60mlの牛脂ができるはず（網に残ったカスは捨てる）。

2 密封瓶または密閉容器にマスタード、ニンニク、エシャロット、ビネガー、水大さじ1、塩、ペッパーミル6回転分の黒コショウを入れてよく振る。さらにグレープシード油、E.V.オリーブ油、**1**の牛脂を加えて油が混ざるまで振る。レモン果汁とチャイブを加え、さらに振ってなじませる。冷蔵庫で約1カ月間の保存が可能。冷蔵すると脂が分離して固まるので、使うときは火にかける、または電子レンジでゆっくりと温め、再度泡立て器でよく混ぜ合わせる。

Charcoal Flatbread

チャコールフラットブレッド

このフラットブレッドは、「チャコール」の料理長ジョー・ジョンソンが、当店のシグネチャーである牛肉のタルタル（p.216）に合わせるために考案したもの。バターミルクのほのかな酸味を帯び、活性炭によって真っ黒に焼き上がったこのパンは、普通の三角トーストよりもおいしく、そしてなによりインパクトがあります。「カボチャのフムス」（p.128）にディップしたり、「ラムチョップのグリル」（p.115）を包んで食べたり、楽しみ方もさまざま。鮮やかな色合いの旬の野菜などで飾って、クリエイティブなピッツァをつくってもいいし、シンプルに、トマトソースとチーズとバジルでマルゲリータにしても見栄えがします。生地は冷凍保存が可能です。

材料：10枚分

活性ドライイースト　小さじ2
グラニュー糖　ひとつまみ
バターミルク　340ml
中力粉　640g（別に、打ち粉用に適量）
活性炭の粉末（p.54）　大さじ2
E.V.オリーブ油　60ml（別に生地ぬり用に適量）
塩（細粒）　小さじ3
植物油　適量

1　パンこね用の羽を取りつけた電動スタンドミキサーのボウルにイースト、グラニュー糖、ぬるま湯120mlを入れ、静かにかき混ぜて溶かす。イーストが活性化し、泡立つまで5～7分間おく。

2　ミキサーを低速で回し、バターミルクを少量ずつ注ぎ入れる。中力粉を3回に分けて（最後の分に活性炭を足す）ゆっくりと加える。生地がまとまってきたら、ミキサーのスピードを中速に上げ、E.V.オリーブ油と塩を加える。ときどきミキサーを止めて羽についた生地をこそげ落としながら、きれいなダークグレーになり、粘り気がなくなるまでこねる（約10分間）。

3　軽く打ち粉をした調理台に生地を移し、打ち粉をした手で数分間こねる——生地を折りたたみ、手のひらの手首に近い部分で向こう側に押し出したら生地を4分の1回転させて同様にこね、また回転させ、生地全体が均質になるまで同じ動作を繰り返す。生地を引っ張っても切れず、指で押してもすぐ戻るようになるまで、こねる。

4　生地を丸めてボウルに入れ、ラップフィルムまたは濡れ布巾をかけて、暖かい場所で生地が倍の大きさに膨らむまでねかせる（約30分間）。発酵が十分であるかどうかは、2本の指を生地の真ん中を押してチェックする。指を抜いて穴がすぐに戻らなければよい。

>>

5　生地を10等分にしてそれぞれ丸め、天板または皿に並べる。10分間休ませて2次発酵させる（これにより、パンがパリッと軽く焼き上がる）。

6　生地を一度に焼かない場合は、ノンスティックスプレーを吹き付けたラップフィルムでぴっちりと包んで冷蔵または冷凍する。冷蔵庫なら約5日間、冷凍庫で約3カ月間の保存が可能。冷凍した場合は、冷蔵庫でひと晩解凍する。

7　チャコールグリルまたはガスグリルを中高温（約200～230℃）に予熱する。

8　キッチンペーパー数枚を重ねて小さく折りたたみ、少量の植物油をしみ込ませて、熱したグリルのグレートに手早く丁寧にぬる。

9　軽く打ち粉をした調理台の上で、打ち粉をした麺棒を使って、丸めた生地を円形に伸ばす。厚さは約6mmが目安。

10　生地の表面にE.V.オリーブ油（分量外）を軽く刷毛でぬる。トングを使い、油をぬった面を下にしてグリルにのせ、1分30秒～2分間焼く。上面にもE.V.オリーブ油をぬり、ひっくり返してさらに1分30秒～2分間焼く。

11　トングを使って引き上げる。（カットする場合は）まな板にのせ、包丁またはピザカッターで放射状に切り分ける。温かいうちにサーブする。

Lemon Meringue Tarts

レモンメレンゲタルト

私は日頃あまり甘いものを食べないのですが、いざ食べるときはチョコレート系よりもフルーツ系のデザートを好みます。このタルトレットは、大好きなレモンの酸っぱさと香りを堪能できるスイーツ。もしマイヤーレモン*が手に入るなら、まろやかで甘みのあるレモンカードができるので、ぜひ使ってください。レモンメレンゲのレシピは、これまで繰り返しつくってきた伝統的なものですが、仕上げにバーナーではなく炭火でキャラメリゼして、スモアに似たもちもち感を加えています。なお、道具として直径10cmの底取れ式のタルト型またはキッシュ型が6個必要です。

＊**マイヤーレモン**：オレンジとレモンの自然交雑で生まれたといわれる品種。一般のレモンに比べて酸味がまろやかで、香りもやや甘い。

材料：6人分

[**ペストリー生地**]
無塩バター（角切り／室温に戻す）　450g
グラニュー糖　200g
卵　大1個
バニラエクストラクト　小さじ1
塩（細粒）　ひとつまみ
中力粉（ふるう）　500g

[**レモンカード**]
卵黄　大3個
卵　大1個
グラニュー糖　150g
レモン表皮と果汁（できればマイヤーレモン／表皮は細かくすりおろす）　3個分
無塩バター（角切り／冷やす）　大さじ4

[**メレンゲ**]
卵白（室温に戻す）　大3個
レモン果汁（搾りたて）　小さじ½
グラニュー糖（細目）　150g
塩（細粒）　ひとつまみ
バニラエクストラクト　小さじ¼

1　ペストリー生地をつくる。平面ビーターを取り付けたスタンドミキサーのボウルにバターとグラニュー糖を入れる（またはハンドミキサーを使用）。中速で、白っぽくふんわりするまで混ぜ（約3分間）、ボウル側面についた生地をシリコン製のスパチュラでこそげ落とす。卵、バニラエクストラクト、塩を加え、低速で完全になめらかになるまで混ぜる。ボウル側面についた生地をこそげ落とす。中力粉を3回に分けて加え混ぜる（加えるたびにミキサーを回し、側面の生地をこそげ落とす）。生地を円盤状に成形し、ラップフィルムで包んで冷蔵庫で最低1時間から2日間冷やす。

2　レモンカードをつくる。小さなソースパンに卵黄と全卵を入れ、泡立て器でよく混ぜる。グラニュー糖を少量ずつ加え、クリーミーになるまで泡立てる。中火にかけてレモンの表皮と果汁を加え、泡立て続けながら、とろみがついて黄色に変わり、スプーンの背にからんでくるまで8～10分間加熱する（沸騰させないこと）。火から下ろし、冷たいバターの角切りを1個ずつ加えながら溶かす。ボウルにのせた目の細かい漉し網に通し、なめらかなカスタード状にする。表面に直接つけてラップフィルムをかけ（膜が張らないように）、冷蔵庫で最低1時間から2日間冷やす。よく冷やすほど、もったりとしてくる。

3　**1**の生地を冷蔵庫から取り出し、軽く打ち粉をした調理台に移す。打ち粉をした麺棒を使って、厚さ約3mmの長方形にのばす。6つの正方形にカットし、1

>>

枚ずつ直径10cmの底取れ式のタルト型に敷く（余った生地は円盤状に成形し、ラップフィルムで包んで別の機会に使う）。型の側面に生地を押し付けて波型にいれ込み、はみ出した生地はカットする。冷蔵庫で30分間以上冷やす。

4　オーブンを180℃に予熱する。

5　タルトの底にフォークで穴を開ける。焼成中に生地が縮まないよう、アルミ箔を敷いて端をしっかりと押し付け、重石（生米、乾燥豆などでも）を広げる。

6　5を天板に並べてオーブンに入れ、生地の縁がこんがり色づき始めるまで、10～12分間焼く。アルミ箔と重石を取り除いてオーブンに戻し、薄いきつね色になるまで色づける（約5分間）。焼き時間はオーブンによって異なるので焦げないように注意する。最低15分間以上おいて完全に冷ます。

7　タルトにレモンカードを詰め、小さなスパチュラでならす。タルトを型から取り出す。

8　メレンゲをつくる。ウィスクを取り付けたスタンドミキサーのボウルに卵白とレモン果汁を入れる（またはハンドミキサーを使用）。低～中速にし、卵白がふんわりするまで泡立てる。スピードを中速に上げ、やわらかなツノが立つまで泡立てる（約2分間）。ミキサーを回転させたまま、グラニュー糖を少量ずつ加え、つやとかたさが出るまで泡立てる（約4分間）。ボウルをミキサーからはずし、塩とバニラエクストラクトをさっくりと混ぜ入れる。

9　メレンゲを1cmの口金をつけた絞り袋に詰め、タルトの上に、レモンカードを覆うように高さ5cmほど絞り出す。

10　チャコールグリルのグレートをはずす。天然木炭を少量入れて着火し、炭が赤くなるまで燃やして「熾き」の状態にする。

11　トングで大きめの熾き炭をつかんでタルトのメレンゲにあて、数秒間表面に押し付けて焦がす。1個を焦がしたら、次々と同様にする。炭は取り出して30秒間もすると冷めていくので、適宜熱い炭に換える。

12　このレモンメレンゲタルトはつくった当日に食べるのがベスト。4～6時間冷蔵庫に入れてもよいが、食べる20分前には冷蔵庫から出す。

Midnight Margarita

ミッドナイト・マルガリータ

太平洋からすぐのところにある「チャコール」のバーには、さまざまな人が訪れ、ベニスビーチに夕陽が落ちる前からにぎわいます。シグネチャーカクテルは、魅惑的なルックスと味を兼ね備えた黒いマルガリータ。おなじみのカクテルを、ライム風味の泡とスモークソルト、そして炭でインフューズした漆黒のテキーラで再創造しました。この独創的なカクテルを考案し、私たちのバーメニューを監修してくれたマスターミクソロジスト、パブロ・モアに敬意を表します。

材料：6人分

シルバーテキーラ　360ml
活性炭（粉末／p.54）　小さじ1
ライム果汁（搾りたて）　120ml
大豆レシチン（下記NOTE）　大さじ1
スモークソルト（細粒）　小さじ2

［マルガリータ1杯の分量］
スモークソルト（細粒）　適量
ライム（くし切り）　2片（1片はガーニッシュ用）
角氷または丸氷　大1個
炭でインフューズしたテキーラ　60ml
ライム果汁（搾りたて）　30ml
コアントロー　15ml
アガベシロップ　15ml

NOTE：大豆レシチン
大豆を原料とする大豆レシチンは、その健康効果から栄養補助食品としても広く販売されている。料理への活用ポイントとしては、まず非常に優れた乳化剤であるということ。カクテル用の泡をつくる際、液体にこれを加えて泡立てると、きめの細かい泡を数分間保ってくれる。レシチンなしでも泡をつくることはできるが、使ったときに比べると泡が早く消えてしまう。粉末、液体、顆粒があるが、どれを使っても問題ない。

1　計量カップまたは空き瓶にテキーラと活性炭を入れ、黒くなるまで混ぜ合わせる。

2　泡をつくる。高さのある容器に水240ml（分量外）、ライム果汁、レシチン、スモークソルトを混ぜ合わせる。カクテルの仕上げ直前に、小さな泡立て器またはフローサーを使ってしっかりと泡立てる。

3　小皿一面にスモークソルトを厚めに広げる。オールドファッションドグラスの縁をくし切りのライムで湿らせ、皿に伏せてスモークソルトをつける。グラスに氷を入れる。

4　カクテルを完成させる。シェーカーに**1**の炭テキーラ、ライム果汁、コアントロー、アガベシロップ、氷数個を入れる。シェーカーの表面に霜がつくまでよくシェイクし、ストレーナーで漉しながらグラスに注ぐ。**2**の泡をスプーンですくってマルガリータにのせ、くし切りのライムを添える。

400°
500

WITH THE SMOKE

スモークする

プロフェッショナルなバーベキューピットマスターには心からの尊敬を覚えます。バーベキュー料理とバーベキューコンテスト文化に、人生をかけて取り組んでいる人々です。ノースカロライナやテキサス、カンザスシティといったバーベキューの伝統地域では、丸ごとの豚であれリブの塊であれブリスケットであれ、そのスモーク（燻製）の工程にじつに真剣に向き合っています。火と煙と食材がおりなす科学はある種の競技スポーツでもあり、人々はバーベキュー協会に所属し、何年もかけて技を磨きます。それを考えれば、私などバーベキューのエキスパートとはとうてい名乗れません。また、これら本格的な、長時間のスモーク技法について書かれた良書は、世の中にたくさんあります。

この章で私が目指したのは、自宅の庭でバーベキューをやるのが大好きな人たちと一緒に、ごくシンプルなプロセスのスモークによって、木材を使った調理ならではのすばらしいフレーバーを楽しむことです。ご紹介するレシピは、しゃれた（そして高価な）オフセットバレルスモーカーや縦型のウォータースモーカーでももちろんつくれますが、より一般的なかまど型セラミックグリル（ビッググリーンエッグなど）やケトルグリル（ウェーバーなど）を使ってつくることができます。

数年前、父の日に子どもたちがビッググリーンエッグのグリルをプレゼントしてくれました。以来、私は陽射しの下であらゆるものを調理するようになり、そしてこのグリルを使ったスモーク料理にはまりました。煙は、肉はもちろん野菜や魚、氷にいたるさまざまな食材に、ニュアンスに富んだ深みのある風味を加えてくれます。

ここで紹介する料理の大半は、直火を使用する比較的短時間のスモーク——私が「グリル・スモーキング」と呼ぶテクニックで行います。熱した木炭にウッドチップやウッドチャンクを加え、グリルの蓋をして通気口を調整し、温度を低めに保ちながらグリル内に煙を充満させ、食材にフレーバーをしっかりと浸透させる方法です。

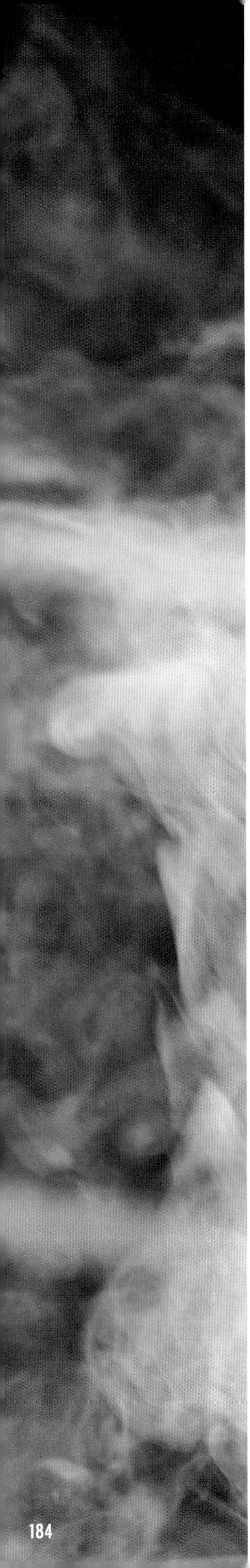

グリル・スモーキングの基本手順

グリル・スモーキングを行うためには、バーベキューグリルをどのようにセットアップするか。以下はかまど型セラミックグリルにもケトルグリル（p.26）にも共通するプロセスの基準です。

①グリルの半分まで天然木の炭を入れ、空気の流入を促すために、底部の通気口を全開にする。
②ファイヤースターターで炭に火をつける（または、チムニースターターで着火した炭を慎重にグリルに入れる）。
③炭の大部分に火がついたら、グリルに蓋をし、レシピ記載の温度になるように通気口を調節する（通気口を開けば温度が上がり、閉じれば下がる）。
④続けて、各レシピ記載量のウッドチップまたはウッドチャンク（乾いたまま）をグリルに入れる（木材を水に浸けてから入れるやり方がありますが、チップやチャンクがくすぶりすぎて食材に苦みがつくので、個人的には不要と考えています）。なお木材は、グリル内が適正な燻製温度に達し、食材の準備が整ってから入れる（煙をムダにせずに済むので）。
⑤グリルにグレートをセットし、食材を並べたら、すぐに蓋を閉める。調理中は適切な温度を保つため、必要に応じて適宜、通気口を調節する。

【長時間スモーキングのケースについて】

グリル・スモーキングは、「ダイレクト加熱・（比較的）短時間スモーク」が基本のコンセプトですが、下記3点の料理に限っては「低温・非ダイレクト加熱・長時間スモーク」に当たります。

・ハーブ香のしっとりスモークターキー（p.197）
・ラムスペアリブのスモーク、豆豉風味、焦がしワケギのビネグレット（p.200）
・骨付きショートリブのスモーク＆グリル、バーベキューソース（p.203）

これらのレシピは伝統的な燻製器（スモーカー）にも適合しますし、かまど型セラミックグリルでもおいしくつくれます。ケトルグリルの場合は少し手がかかり、調理中に木炭を足すなど、より気をつかう必要があります。スモーク時間はショートリブが6時間と最長です。と言っても、正真正銘のスモークバーベキューに比べればそれほど長いとは言えませんが。

かまど型セラミックグリルの具体的用法

セラミックグリルを使う場合、スモークという間接調理に適した空間をつくるために、ビッググリーンエッグにおける「コンベクター convEGGtor」のようなヒートディフレクター（散熱板）が必要です。これを食材と炭の間に置いて直火熱を遮ることで、熱気と煙が食材の周りにまんべんなく循環します。

①セラミックグリルの火床に木炭をたっぷり入れ、その上にレシピ記載量のウッドチップまたはウッドチャンクを（水につけずに）散らす。
②グリル底部の通気口を全開にして、炭と炭の間に空気がいきわたるようにする。ファイヤースターターで炭に火をつける（または、チムニースターターで着火した炭を慎重にグリルに入れる）。
③炭の一部に火がついたら、火床にヒートディフレクターをセットする。その上に水（またはリンゴジュース）を半分ほど入れたアルミシート製の鍋（使い捨て）を置き、グレートをのせる。
④蓋を閉め、レシピ記載の温度になるように通気口を調節する（通気口を開けば温度が上がり、閉じれば下がる）。このとき火の大きさに注意して、グリルが熱くなりすぎないようにする（セラミックグリルの場合、温度を上げるよりも下げるほうがむずかしいため）。レシピ指定の温度になったら食材を並べ、すぐに蓋を閉める。
⑤調理中はつねに適正な温度が維持されるよう、必要に応じて通気口を調節する。
⑥スモークをし終えたら、蓋をして通気口を閉じて炭を消す。

なお6時間といった長時間スモークであっても、途中で炭を追加する必要はありません。セラミックグリルは断熱性にすぐれ、温度を保ってくれます。

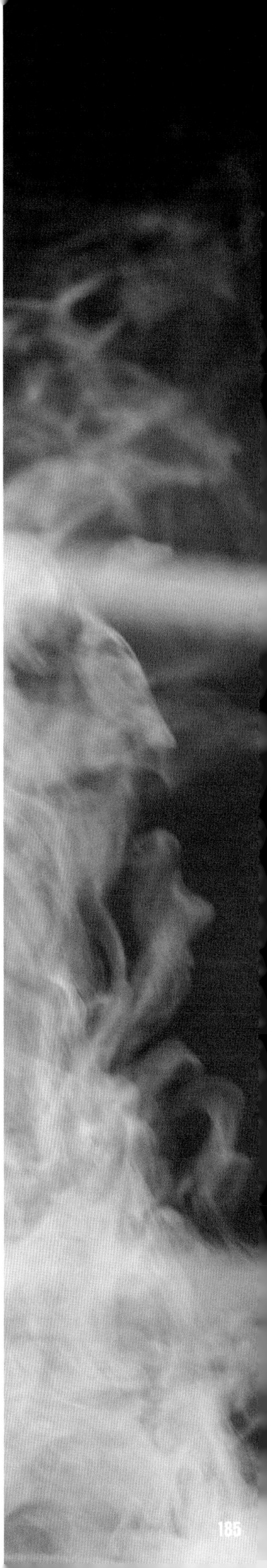

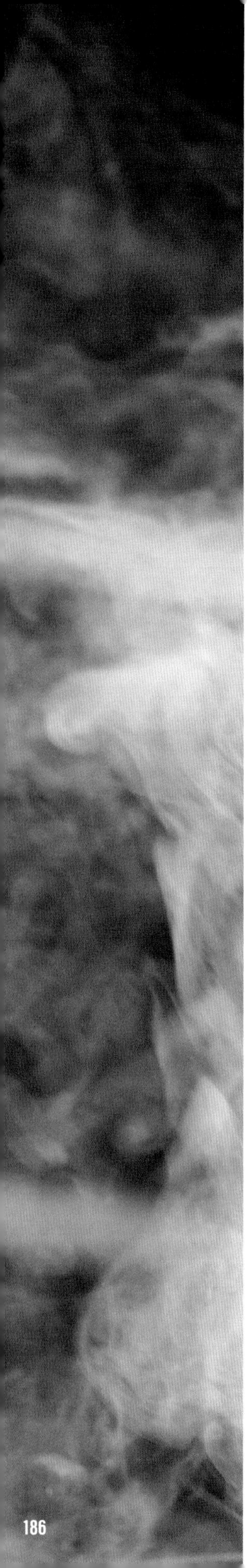

ケトルグリルの具体的用法

ケトルグリルを使う場合は、バーベキューにおけるツーゾーン・グリル（ツーゾーン・ファイヤー）の方法をスモークに応用します。

①火床の片側に木炭を半分くらいまで組み、ファイヤースターターで炭に火をつける（または、チムニースターターで着火した炭を慎重にグリルの片側に入れる）。こちらが高温ゾーンとなる。
②続けて、炭の上にレシピ記載量のウッドチップまたはウッドチャンクを（水につけずに）散らす。
③グリル底部の通気口を必ず開ける（灰が詰まらないように注意する）。
④火床の炭を置いていない側に、水（またはリンゴジュース）を半分ほど入れたアルミシート製の鍋（使い捨て）を置く。こちらが低温ゾーンになる。
⑤グレートをセットする。取っ手付きのグレートを使うと、途中ではずして炭を足しやすい（グリルのモデルによっては装備されている）。
⑥グリルの蓋を閉め、底部の通気口を調節して（通気口を開けば温度が上がり、閉じれば下がる）レシピ指定の温度になったら、低温ゾーン上のグレートに食材をのせ、蓋をする。蓋はダンパー（通風調節弁）がちょうど食材の上にくるように閉め、ダンパーを半分以上開けて、上昇した煙が食材を包み込み、さらにダンパーから逃げていくようにする。

スモーク時間はラムスペアリブ、ターキー、ショートリブで3～6時間。ケトルグリルはセラミックグリルほど断熱性が高くなく、炭が燃焼しやすいため多くの場合、調理途中で炭を追加する必要があります。火が小さくなったら、小さなショベルなどを使ってグリル内の炭の上に着火していない炭を追加します。この作業は必ず耐火グローブを装着して行ってください。

燻製用の木材について

燃やす木材によって、煙がもたらすフレーバーと複雑さは、甘くマイルドなものから麝香のように強烈なものまでさまざま。木材の種類が食材の味わいに大きく影響し、また木材を多く使いすぎると食材を台無しにします。私が好きなのはリンゴ、メープル、サクラの3種類。いずれもフローラルな香り高い煙が特徴で、バランスの良いフルーティなフレーバーが楽しめます。木材は、チップよりも燃焼時間の長い大きめのチャンクがおすすめです。チップだと、おがくずのような不快な匂いが食材についてしまうという欠点がありますので。「スモークした氷を使ったオールドファッションド」（p.221）では、強烈なフレーバーのメスキートの木材を使っていますが、セージを思わせる香りがバーボンのスモーキーさと最高に合います。ウッドチャンク（手に入らない場合はチップ）は、ホームセンターやバーベキューグッズ専門店、夏場なら食料品店などで大袋入りのものが入手できます。

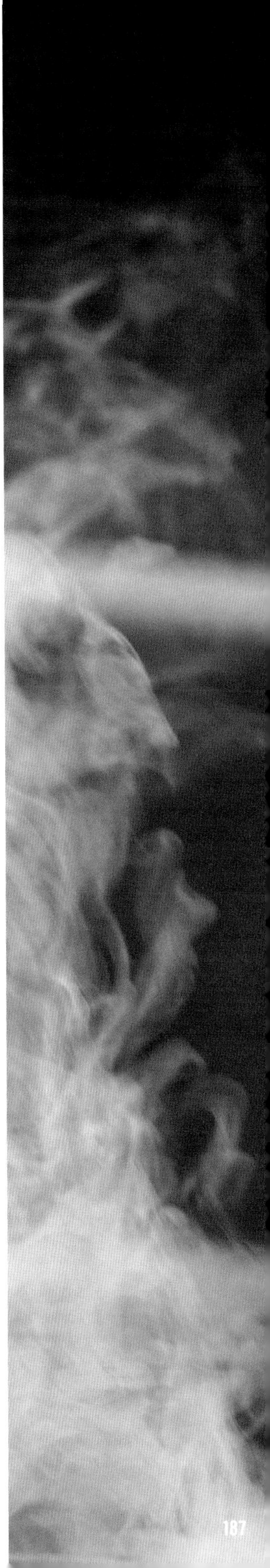

Smoked Fingerling Potatoes with Cipollini Onions

ミニポテトとチッポリーニのスモーク

ジャガイモと玉ネギ。いつの時代も変わらず愛される定番の組み合わせです。どんな料理にでも合うこのサイドディッシュは、スモークするのはほんの短時間なので、チャコールグリルに少量のウッドチップまたはチャンクを入れればできてしまいます。「チッポリーニ」とは、イタリア原産の平らな円盤状の小玉ネギで、甘くてシャキシャキした食感が特徴です。最近ではアメリカでも入手しやすくなりました。

材料：4〜6人分

ジャガイモ（小粒）＊　18個
粗塩　大さじ2
ニンニク　2片
タイム　2枝
黒コショウ粒　大さじ1
小玉ネギ（皮をむく）　10個
E.V.オリーブ油　適量
スマック＊　小さじ2
ハーブビネグレット（p.189）　適量
フルール・ド・セル　適量

スモークに必要なもの：
リンゴまたはメープルの木のチャンク　2個
　またはチップ　多めのひとつかみ（約1/2カップ）
グリルバスケット

＊**ジャガイモ**：原文の指定はフィンガリングポテト（長さ5〜10cmの楕円形の小粒品種）。同じものは入手困難なので、できるだけ小粒のジャガイモで。
＊**スマック**：ウルシ科のフルーツを乾燥、粉砕した中東のスパイス。

1　鍋にジャガイモ、粗塩、ニンニク、タイム、黒コショウ粒を入れ、かぶる程度の水を入れる。強めの中火にかけて沸騰させ、フォークがすっと入るやわらかさになるまでゆでる（20〜25分間）。水気をきり、適度に冷ましてまだ温かいうちに皮をむき、1.3cm幅の輪切りにする。

2　（ジャガイモをゆでている間に）184頁の「グリル・スモーキングの手順」にしたがってグリルを準備し、約130°Cに予熱する。チャンクまたはチップを炭の上に均一に広げ、グリルに蓋をする。通気口を開閉して調整しながら、温度を130°Cに保つ。

3　チッポリーニをE.V.オリーブ油、粗塩、スマックで軽くあえる。グリルバスケットにゆでたジャガイモを並べる。

4　バスケットをグリルにのせ、小玉ネギは直接並べる。蓋をして20分間スモークする。ジャガイモを取り出してアルミ箔などで覆って保温しておく。グリルの通気口を開けて温度を150°C〜180°Cに上げ、蓋をして小玉ネギをさらに10分間スモークする。

5　小玉ネギを縦4等分に切り、ボウル皿に盛る。ジャガイモを加え、ハーブビネグレットであえる。フルール・ド・セルをふり、温かいうちにサーブする。

Herb Vinaigrette

ハーブビネグレット

祖母がよくこれに似たドレッシングを作って、ジャガイモのサラダにかけていました。フレッシュで口当たり軽く、何にでも合うビネグレットで、ツンとくる酸味とハーブのアロマが楽しめます。

材料：約1/2カップ分

ディジョンマスタード　小さじ2
シャンパンビネガー　大さじ2
イタリアンパセリの葉（みじん切り）　大さじ1
チャービル（みじん切り）　大さじ1（好みで）
タラゴン（みじん切り）　小さじ1
エシャロット（みじん切り）　1/2本
レモン表皮（細かくすりおろす）　1個分
塩（細粒）　小さじ1/4
グレープシード油　大さじ3
E.V.オリーブ油　大さじ1
黒コショウ（挽きたて）　適量

1　密閉容器や瓶にマスタード、ビネガー、イタリアンパセリ、チャービル（好みで）、タラゴン、エシャロット、レモン表皮、塩、水小さじ1（分量外）を合わせる。蓋をしていったんよく振る。さらにグレープシード油、E.V.オリーブ油、ペッパーミル3回転分の黒コショウを加え、振る。密閉容器に入れて冷蔵庫で約3カ月間の保存が可能。

Smoked Mushroom and Beet Tartare with Currants

スモークマッシュルームとビーツのタルタル、カランツ添え

「チャコール」を開くときに私が決めたのは、ここを肉料理専門のレストランにはせず、カリフォルニアが誇る新鮮な野菜を生かしたベジタリアン料理も充実させることでした。旬のおいしさを伝えるこのカラフルな野菜のタルタルは、肉のタルタル（牛肉や鹿肉、仔羊肉を使った）と「対」をなすこの店の看板料理です。主役は、グリルの中で煙の風味をほどよく吸い取った肉厚なポートベロマッシュルーム。そこにクランチーなクルミの砂糖がけ、ぷりぷりのホワイトマッシュルームとカランツ、クレームフレーシュのクリーミー感……さまざまな食感と色合いが何層にも重なり、ハーブとレモンゼストの爽快感がひとつにまとめています。ビーツ特有の土臭さは、ビネガーと塩で軽くあえることでやわらぎます。

材料：4人分

ポートベロマッシュルーム＊（汚れをふき取る）　大2個
ホワイトマッシュルーム（石突きを切り落として汚れをふき取り、縦4つ切り）　大12個
塩（細粒）　適量
ビーツ（皮をむき、粗めにすりおろす）　1個
シェリービネガー　大さじ2
クレームフレーシュ＊　240ml
レモン表皮（細かくすりおろす）　1個分
クルミの砂糖がけ（粗みじん切り）　大さじ2
カランツ　大さじ2
ケイパー（小粒／水気をきる）　大さじ2
エシャロット（みじん切り）　1/2本
イタリアンパセリの葉（みじん切り）　20枚
チャイブ（みじん切り）　4本
E.V.オリーブ油　大さじ1
クルミ油　大さじ1
黒コショウ（挽きたて）　適量
チャコールフラットブレッド（p.185）または
　バゲットのスライス（グリルまたはトースト）　適量

スモークに必要なもの：
リンゴまたはメープルの木のチャンク　3個
　またはチップ　大きく3つかみ（1½カップ）
グリルバスケット

＊ポートベロマッシュルーム：直径10cmほどもある大きくて肉厚の茶色のキノコ。日本の「ジャンボマッシュルーム」。
＊クレームフレーシュ：フランス風生クリーム。「近いのはタカナシ乳業のクレームドゥーブル（発酵クリーム）。あるいはマスカルポーネを使っても」（米澤）

1　184頁の「グリル・スモーキングの手順」にしたがってグリルを準備し、約170℃に予熱する。チャンクまたはチップを炭の上に均一に広げ、蓋をする。通気口を開閉して調整しながら、温度を170℃に保つ。

2　グリルバスケットに2種類のマッシュルームを入れ、軽く塩をふる。バスケットをグリルにのせ、蓋をする。マッシュルームがやわらかくなり、少し縮んでくるまで15～20分間スモークする。取り出し、軽く塩をふって冷ましてから、粗目のディスクを取り付けたミンサーにかけてミンチにする（またはフードプロセッサーにかける、あるいは包丁で粗めにきざむ）。

3　すりおろしたビーツにビネガー大さじ1、塩ひとつまみを加えてあえ、5～10分間おく。別の小ボウルで、クレームフレーシュにレモン表皮を混ぜる。

4　ボウルに**2**のマッシュルームを入れ、クルミ、カランツ、ケイパー、エシャロット、イタリアンパセリ、チャイブを合わせ、残りのビネガー大さじ1、

>>

E.V.オリーブ油、クルミ油を加え、塩で味をととのえる。ペッパーミル10回転分の黒コショウをふり、全体をあえる。

5　**3**のビーツの水気をよく絞り、ガラス製ボウルの底に入れ、スプーンの背で押し付けてならす。**4**のタルタルを重ね、同じく押し付けてならしたら、**3**のクリームを広げる。ラップフィルムをかけて冷蔵庫に入れ、1時間冷やす。ボウルのままサーブする。スプーンでタルタルをすくって銘々の皿に取り、フラットブレッドと一緒に食べる。

Smoked Cauliflower with Curry and Dates

スモークしたカリフラワー、
カレーとデーツ風味のディップ

野菜を野菜のディップにつけて食べる、楽しい一品です。チャコールグリルにウッドチップかチャンクを加えるだけで、比較的短時間でできあがります。カリフラワーはスモークすることで味わいが凝縮し、香ばしく、いかにもおいしそうな色合いに。ディップに使うラセラヌーはモロッコのミックススパイスで、甘みと塩気とスパイシー感が入り混じるエキゾチックな香り。インドのカレー粉のように（ラセラヌーがなければ代用可）、味気ないカリフラワーをご馳走に変えてくれる存在です。鮮やかな色味のこのホウレン草ディップはクセになるおいしさで、生野菜のサラダにも合います。

材料：4～6人分

カリフラワー（葉と茎付き）　1個
E.V.オリーブ油　適量
塩（細粒）　適量
ラセラヌー　大さじ2
グレープシード油　適量
玉ネギ（角切り）　小1個
デーツ（あればマジョール種／種を除いてきざむ）　8個
ベビーホウレン草　2カップ
コリアンダーの葉　1カップ
メープルシロップ　60ml
シャンパンビネガー　30ml
ギリシャヨーグルト（プレーン）
　120ml（別に、山盛り大さじ1）
ローストアーモンド（粗みじん切り）　1/4カップ
フルール・ド・セル　適量

スモークに必要なもの：
リンゴまたはメープルの木のチャンク　2個
　またはチップ　大きくひとつかみ（約1/2カップ）

1　184頁の「グリル・スモーキングの手順」にしたがってグリルを準備し、約150℃に予熱する。チャンクまたはチップを炭の上に均一に広げ、グリルに蓋をする。通気口を開閉して調整し、温度を150℃に保つ。

2　カリフラワーにE.V.オリーブ油をかけ、塩をふる。グリルのグレートにのせて蓋をかぶせ、約1時間30分スモークする。この時点でカリフラワーはやわらかくなっているはず。串などを刺してチェックし、かたさが残っていたらさらに10分間スモークする。

3　ソテーパンを弱火にかけてラセラヌーを入れ、焦げないようにときどき鍋を揺すりながら1分間乾煎りして、香りを立たせる。

4　大きなソテーパンを中火にかけ、グレープシード油を約3mm引いて玉ネギを入れ、透き通ってしんなりするまで炒める（約5分間）。デーツと**3**のラセラヌーを加えてなじませ、ホウレン草、コリアンダーの葉を加え、軽く塩を加えて炒める。ホウレン草がしんなりしたら（約2分間）、メープルシロップとビネガーを加え、ホウレン草につやが出るまで約1分間煮る。火から下ろし、ヨーグルト120mlを加えて混ぜる。

5　ブレンダーにヨーグルト山盛り大さじ1、水大さじ1（刃の回転をスムーズにするため）、**4**を入れ、なめらかになるまで混ぜる。皿に移し、アーモンドをさっくりと混ぜ合わせる。

6　カリフラワーを6等分する。皿の中央に**5**のディップをのせ、周りにカリフラワーを盛る。フルール・ド・セルをふり、E.V.オリーブ油を回しかける。

Cedar Plank Salmon with Hibiscus

シダープランクサーモン、ハイビスカス風味

グリルがあれば、じつは完璧なスモークサーモンをつくることができます。ウッドチャンクかチップ、シダープランク（杉の板）、炭火があればいい。サーモンのように脂がのった魚は、煙の風味を吸収しやすいので長時間のスモークも必要ありません。低温で行うので身がぱさつくこともなく、中心部がきれいなピンク色に仕上がります。必要な手間は、途中で何度かサーモンをグリルから取り出して休ませることでしょうか。よくバーベキューをする人ならおなじみのシダープランクが、しっかりとした木の香りをサーモンに与えてくれます（このシダープランクは、グリルで燃えないように必ず水につけてから使います）。ハイビスカスラブのフローラル感がサーモンのリッチな旨みが絶妙なバランスで引き立て合う一品です。サイドディッシュには「アスパラガスのグリル、きざみゆで卵のビネグレット」（p.74）、もしくはシンプルなレタスサラダをどうぞ。

材料：4～6人分

サーモンのフィレ（できれば天然もの／皮を引き、小骨を除く）　700～900g
ハイビスカスフラワーのラブ（p.47）　大さじ4
タイム　10枝

スモークに必要なもの：
リンゴまたはサクラの木のチャンク　3個
　またはチップ　大きく4つかみ（約2カップ）
シダープランク（杉の板）

1　バットにサーモンをのせ、皮を引いた面全体にハイビスカスフラワーのラブをまぶす。ラップフィルムをかけずに、冷蔵庫で2～4時間冷やす。調理する30分前に冷蔵庫から出して室温に戻す。

2　ボウルに冷水を張り、香りづけのタイムを入れる。シダープランクを入れ、重石（缶詰や鍋など）をして完全に水に浸かった状態にして、1時間おく。水を吸わせることでプランクが燃えるのを防ぐとともに、水分がサーモンをしっとり保ってくれる。

3　184頁の「グリル・スモーキングの手順」にしたがってグリルを準備し、130～150℃に予熱する。チップの3分の1またはチャンク1個を炭の上に均一に広げ、グリルの蓋をする。通気口を開閉して調整しながら、温度を130～150℃に保つ。

4　シダープランクを水から取り出し、サーモンをのせる（ラブをまぶした面を上に）。

5　①サーモンをのせたプランクをグリルのグレートにのせて蓋をし、5分間スモークする。いったん取り出し、3分間休ませる（その間、グリルには蓋をして温度と煙を保つ）。②蓋を開けて追加のチップ3分の1またはチャンク1個を炭の上に広げ、サーモンを戻して5分間スモークし、再び取り出して3分間休ませる。③残りのチップまたはチャンクを追加し、サーモンを戻して4分間スモークし、取り出して3分間休ませる。

>>

④最後に4分間スモークする（チップ／チャンクは追加しない）。……スモークにかける合計時間は約18分間で、これに休ませる時間が加わる。サーモンは中心がピンク色をした、ミディアムレアからミディアムに仕上がるはず。

5　サーモンを取り出したら、カットする前に5分間休ませる。シダープランクにのせたままサーブする。

Herb-Brined Smoked Turkey

ハーブ香のしっとりスモークターキー

ホリデーシーズンのご馳走といえばターキーですが、私は一羽丸ごとで調理する代わりに、骨付きのむね肉を使って楽をしています。スモークすることで、伝統的な（退屈な、とも言う）ローストターキーに薪で焼いたようなフレーバーが加わります。しかも手間はほとんどかからず、仕上がりは保証つき。「ターキークラウン」とも呼ばれるターキーのむね肉を使う利点は、調理時間が早いことと、切り分けるのが楽なこと。もも肉に火を通すあいだにむね肉がぱさついてしまうのでは、と心配する必要もありません。胸骨が天然のロースティングラックの役割を果たして、脂肪分の少ないむね肉のしっとり感を守り、そして下処理での塩水漬けがむね肉の旨みを引き出し、水分を与えてくれます。冷蔵庫での漬け込みに24時間、空気乾燥に約12時間、さらにスモークするのに数時間かかるので、その点を考慮して計画を立ててください。大きな容器と冷蔵庫のスペースも必要です。

材料：8～10人分

粗塩　1カップ（約290g）
ライトブラウンシュガー　1/2カップ（密に）
ターキーの骨付きむね肉（ターキークラウン／水洗いして水気をふき取る）　2.7kg
野菜のスープストック（低塩）　900ml
A ショウガ（皮をむいてみじん切り）　1片
　イタリアンパセリ　2枝
　タイム　2枝
　ローズマリー　1枝
　セージ　1枝
　セイボリー　1枝
　レモングラスの茎（外側のかたい皮をむいてつぶす）　1本
　オレンジ表皮　1個分
　黒コショウ粒　大さじ1
　オールスパイス（ホール）　小さじ1
　唐辛子フレーク　小さじ1

スモークに必要なのもの：
メープルまたはサクラの木のチャンク　6個

1　大きな深鍋に粗塩とブラウンシュガー、ぬるま湯3.6リットルを入れ、混ぜて溶かす。ターキーを入れ、スープストック、冷水900ml、材料Aを加える。鍋を冷蔵庫に入れて24時間おく。ターキーが浮かんでしまう場合は皿をのせて、液に完全に浸かるようにする。

2　ターキーを液から取り出し、天板にのせてキッチンペーパーで叩くようにして水気をふき取る。ラップフィルムをかけずに冷蔵庫に8～12時間入れ、空気乾燥させる。こうすることで皮がパリッと焼き上がる。スモーク開始45分前に冷蔵庫から取り出す。

3　185頁の「かまど型セラミックグリルの具体的用法」の手順にしたがってグリルの準備をし、140°Cに予熱する。チャンクを炭の上に均一に広げ、蓋をする。通気口を開閉して調整し、温度を140°Cに保つ。

4　ターキーをグリルにのせ、蓋をする。肉の内部温度が約70°Cになるまでスモークする（約3時間30分）。取り出して金網の上に移し、アルミ箔で包んで内部温度が74°Cに達するまで20～30分間休ませる。

5　ターキーの胸骨に沿って包丁を入れ、片側ずつむね肉を切り離し、手でそっと引っ張って骨からはずす。皮目を上にしてまな板にのせ、食べやすい大きさにスライスする。

Smoky Grilled Chicken Wings

鶏手羽のスモーキーグリル

私のひそかな好物、それは鶏手羽。スポーツ観戦時に、手を汚しながらかぶりつくのが最高なのです。難点は、手羽はたいていパン粉をつけて揚げられていて、脂っこすぎること。そこで、フライドチキンのクリスピーなおいしさはそのままに、旨みとやわらかさが加わったスモークバージョンを考案しました。今では「チャコール」のバーフードとして人気の一品です。専門の燻製器材を使わずとも、手持ちのチャコールグリルの炭にウッドチップかチャンクを加えるだけでスモークできます。グリルを使った間接加熱に慣れれば、簡単。手羽のスモーク時間は短く、グリルしてパリッと焼き上げる間に充分なスモーキーさがつきます。なお、事前に手羽を12時間以上マリネする必要があるので、あらかじめその時間を考慮してください。

材料：4～6人分

鶏手羽（大きめ）　約1.4kg（約15本）
スモークパプリカ風味のチミチュリ、マスタードシードのピクルス入り（p.36）　1カップ（＋別添え用に適量）
シャンパンビネガー　60ml
唐辛子フレーク　大さじ1
塩（細粒）　適量
植物油　適量
バスクビネガー（p.40）
またはシャンパンビネガー　適量（別添え用）

調理道具：
リンゴまたはサクラの木のチャンク　4個
またはチップ　大きく2つかみ（約1カップ）

1　鶏手羽を水洗いして水気をふき取る。手羽先の端を切り落として捨て、関節のところで切って、手羽中と手羽元に分ける。容器またはジッパー付き保存袋に入れる。小ボウルにチミチュリ、ビネガー、唐辛子フレークを混ぜ合わせてマリナードをつくり、容器（袋）に入れて手羽になじませる。蓋をして（袋なら空気を抜いて閉じて）冷蔵庫に入れ、12～24時間マリネする。調理30分前に冷蔵庫から出して室温に戻す。

2　184頁の「グリル・スモーキングの手順」にしたがって、グリルの準備をし、約180℃に予熱する。チャンクまたはチップを炭の上に均一に広げ、グリルに蓋をかぶせる。通気口を開閉して調整しながら、温度を180℃に保つ。

3　手羽をマリナードから取り出し、しっかりと塩をふる。キッチンペーパー数枚を重ねて小さく折りたたみ、少量の植物油をしみ込ませて、熱したグリルのグレートに手早く丁寧にぬる。手羽を直接約5mm間隔に並べ、蓋をする。

4　通気口を調整して温度を180℃に保つ。手羽を5分間ごとに裏返しながら（そのつど蓋をして）皮がカリッとしてきつね色になるまで焼く（トータルで15～20分間が目安）。なおこのプロセス中、蓋を開けたときに燃え上がりが起きた場合は、通気口を少し閉じて酸素の供給を制限するか、手羽の置き位置を変える。できあがったら皿に盛り、チミチュリとビネガーを添えてサーブする。

Smoked Lamb Ribs with Fermented Black Beans and Charred Scallion Vinaigrette

ラムスペアリブのスモーク、豆豉風味、焦がしワケギのビネグレット

豚のベイビーバックリブや牛のリブがあるなら、仔羊のリブは？　やわらかくて旨みたっぷりの仔羊のリブは値段もそれほど高くなく、骨付き肉としてかぶりつくのにもってこいです。デンバーリブは、豚でいえばスペアリブ（別名セントルイス・スタイル）に相当する、約7本の肋骨を含む部位。豆豉ラブ独特の風味が仔羊のクセをやわらげてくれます。サイドディッシュのおすすめは「スモークしたカリフラワー」（p.193）。

材料：4～6人分

豆豉のラブ（p.50）　約2カップ
赤ワインとチポトレのバーベキューソース（p.39）
　約1カップ（＋別添え用に少量）
仔羊の骨付きリブ（デンバーリブ／約700g）　3枚
焦がしワケギのビネグレット（p.202）　適量

スモークに必要なもの：
リンゴの木のチャンク　3個

1　豆豉のラブ大さじ2とバーベキューソースを混ぜる。残りのラブを仔羊のリブ3枚にまんべんなくまぶし、室温においておく。

2　185頁の「かまど型セラミックグリルの具体的用法」の手順にしたがって、グリルの準備をし、100℃に予熱する。チャンクを炭の上に均一に広げ、グリルの蓋をする。通気口を開閉して調整しながら、温度を100℃に保つ。

3　**1**の肉3枚を、十分な間隔を空けてグリルのグレートに並べ、蓋をする。

4　温度は約100℃に保つ必要があるので、通気口を細かく調整して酸素の流れをコントロールする。温度を上げたいときは通気口を開き、下げたいときは閉じる。

5　2時間30分スモークしたら、**1**のソースを肉にぬる。必要なら炭を足し、蓋をしてさらに30分間スモークする。ここから、火の通り具合をチェックして仕上げを見きわめる。中心温度が87～93℃になっていること。見た目での確認方法は、リブ肉の真ん中をトングでつかんで持ち上げ、両端がたれ下がればよい。下がらなければさらにスモークして30分ごとにチェックする。なお、チャンクの煙は1時間ほどで消えるが、肉はその時点で中心まで十分に煙を吸収しているのでチャンクを足す必要はない。

>>

6　肉を金網に移し、10分間以上休ませる。骨ごとに切り分け、皿に盛りつける。焦がしワケギのビネグレットを回しかけ、バーベキューソースを添えてサーブする。

Charred Scallion Vinaigrette

焦がしワケギのビネグレット

仔羊のリブの脂っぽさとクセのある香りに、ビネグレットのピリッとした香りと焦がし風味がよく合います。グリルしたトウモロコシの実を加えるとさらに風味がアップします。

材料：約1カップ分

植物油　適量
ワケギ　2束
E.V.オリーブ油　60ml（別に、下味用に適量）
塩（細粒）　小さじ1（別に、下味用に適量）
アップルサイダービネガー　大さじ3

1　チャコールグリルまたはガスグリルを中高温（約200～230℃）に予熱する。キッチンペーパーを数枚重ねて折りたたんで少量の植物油をしみ込ませ、熱したグリルグレートに手早く丁寧にぬる。

2　ワケギにE.V.オリーブ油と塩を適量ふり、熱したグリルに並べ、全体に焦げ目がつくまで焼く（約5分間）。白い部分も含めて小口切りにしてボウルに入れ、ビネガー、塩小さじ1、水大さじ3を加えてかき混ぜる。E.V.オリーブ油60mlを加え、よく混ぜてなじませる。

Smoked and Grilled Bone-In Short Ribs with Barbecue Sauce

骨付きショートリブのスモーク＆グリル、バーベキューソース

じっくりとスモークされた、とろけるようにやわらかくてリッチな旨みの牛ショートリブは、究極のコンフォートフード。私は、バーベキューピットマスターでも何でもなく、新しく魅力的な料理の創作に情熱を燃やすひとりの料理人にすぎません。以前はスモーキングにはさほど興味がなかったのですが、ビッググリーンエッグを手に入れたときにその用途の幅広さに惹かれ、これを使って何ができるだろうかを調べ、そして試しはじめました。このショートリブのスモークは、まさに私が初めてチャレンジしたスモーク料理。骨からほろりとはずれて口の中でとろける、至福のやわらかさに到達するまで20回はつくっています。

この料理には少々時間がかかります。まず、風味を加えて水分を浸透させるためにブライン液（塩水、ソミュールのこと）に漬け込みます。つぎにそれを、食感をよくするために空気乾燥させる。それから甘い果実の木で低温・長時間のスモークを行い、そして最後にバーベキューソースをぬってグリルし、脂肪をキャラメリゼして表面をカリカリに仕上げる……といった具合です（ちなみに、スモーク後にグリルの準備をするのが面倒なら、家庭オーブンのブロイル機能を使って焼いてもかまいません）。できあがったショートリブはスモーキーで、クリスピーで、脂がのっていて、スパイシーで、これ以上ないやわらかさ。時間をかけるだけの価値は間違いなくあります！

材料：6〜8人分

＊粗塩：原文推奨は「コーシャーソルト」。

粗塩＊ 1½ カップ
グラニュー糖　1¼ カップ
スリーボーン・ショートリブプレート
（約1.5kg ／筋膜を掃除する）　2枚
タイム　4枝
レモン（薄切り）　2個
乾燥赤唐辛子（ホール／ヘタを除き、縦2等分する）
2本
ニンニク（縦2等分する）　1玉
ローリエ（できればフレッシュ）　1枚
植物油　適量
赤ワインとチポトレのバーベキューソース（p.39）
1カップ
黒コショウ（挽きたて）　適量

スモークに必要なもの：
リンゴまたはサクラの木のチャンク　6個

>>

1　大きな深鍋に粗塩、グラニュー糖、ぬるま湯900mlを入れ、かき混ぜて溶かす。ショートリブを鍋に入れる。冷水2.7リットル、タイム、レモン、赤唐辛子、ニンニク、ローリエを加える。肉が浮いてしまう場合は皿をのせ、液に完全に浸かるようにする。鍋を冷蔵庫に入れて12時間おく。

2　肉をブライン液から取り出し、金網をセットした天板にのせてキッチンペーパーで軽く叩きながら水気をふき取る。そのまま冷蔵庫に8～12時間入れ、空気乾燥させる。スモークを始める45分前に冷蔵庫から出す。

3　185頁の「かまど型セラミックグリルの具体的用法」の手順にしたがって、グリルの準備をし、130°Cに予熱する。チャンクを炭の上に均一に広げ、蓋をする。通気口を開閉して調整しながら、温度を130°Cに保つ。

4　2枚のショートリブを十分な間隔を空けてグリルのグレートにのせ、蓋をする。肉の内部温度が約88°Cになるまでスモークする（約6時間）。温度は約130°Cに保つ必要があるので、通気口を細かく調整して酸素の流れをコントロールすること。温度を上げたいときは通気口を開き、下げたいときは閉じる。ショートリブを引き上げて金網に移し、アルミ箔でゆるく包んで、15分間以上休ませる。

5　その間にチャコールグリルまたはガスグリルを中温（約180°C）に予熱する。

6　キッチンペーパー数枚を重ねて小さく折りたたみ、少量の植物油をしみ込ませて、熱したグリルのグレートに手早く丁寧にぬる。ショートリブをグリルにのせ、バーベキューソースをたっぷりと刷毛でぬる。ソースが焦げないように注意して、ときどきひっくり返しながら、カリッとした焦げ目がつくまで3～5分間焼く。

7　肉をまな板に移し、10分間休ませてから骨を切りはずし、肉を横にスライスする。皿に骨をのせてその上にショートリブのスライスを盛り、ペッパーミル4～5回転分の黒コショウをふる。残りのバーベキューソースを別に添える。

Smoked Strawberries with Strawberry Water and Basil

スモークしたイチゴ、バジル風味のイチゴスープ

アウトドア料理においては、デザートは主役ではないかもしれません。でもこのセクシーなスモークイチゴのデザートなら、夏の食事に甘くて土の香りのするフィニッシュを与えてくれるはず。瞬間スモークしてとろりとなったイチゴを、さらに繊細に加熱して果汁を抽出させます。フルーツコンソメとも呼べるこの液体を口に含むと、思いがけないスモーキーアクセントをもった濃密なイチゴフレーバーがはじけます。

材料：4人分

イチゴ（ヘタを取り除き、縦4等分に切る）　1.4kg
オレンジ果汁　1個分（約60ml）
グラニュー糖　大さじ2
メープルシロップ　大さじ2
バジルの葉　大6枚
バニラアイスクリーム　適量
グラノーラ　1/4カップ

スモークに必要なもの：
リンゴまたはメープルの木のチャンク　3個
　またはチップ　大きく3つかみ（約1½カップ）
グリルバスケット

1　184頁の「グリル・スモーキングの手順」にしたがってグリルの準備をし、約130°Cに予熱する。チャンクまたはチップを炭の上に均一に広げ、グリルの蓋をする。通気口を開閉して調整しながら、温度を130°Cに保つ。

2　グリルバスケットにイチゴの3分の2量を入れる。これをグリルグレートにのせ、グリルの蓋をして30分間スモークする。イチゴはややしぼんでスモーキー香がついているはず。バスケットを下ろす。

3　耐熱ボウルに**2**のイチゴ、冷水60ml 、オレンジ果汁、グラニュー糖、メープルシロップ、バジルの葉3枚を入れる。ソースパンに水を入れて弱めの中火で沸かし、そこにボウルを（底が湯に触れないように）重ねる。イチゴをつぶさないようにスプーンでそっとかき混ぜながら、この状態で30分間やさしく加熱して、イチゴから自然に汁を抽出する。

4　ボウルに残りのイチゴを入れる。**3**のイチゴ液を漉し網に通してボウルに加える（網に残った果肉は使わない）。バジルの葉3枚をちぎって加え混ぜる。冷蔵庫で最低15分間以上冷やす。

5　デザート皿（またはマティーニグラス）に冷やした**4**を汁ごと入れる。バニラアイスクリームをのせ、グラノーラを散らす。

Smoked Crème Brûlée

スモークドクレームブリュレ

フランス料理の修業をした者として、新しいクレームブリュレを考案するという試みは、とても興味深いものでした。長いキャリアを通して何千回とつくってきたクレームブリュレ。現代的なスモークバージョンのクレームブリュレをつくるという今回の試みも、楽しみながら挑戦しました。生クリームと牛乳を氷の上でスモークするのは、冷燻法を私なりにアレンジしたもので、この古典的なデザートに斬新な要素を加えています。

材料：8人分

生クリーム（乳脂肪分36％以上）　900ml
牛乳　120ml
卵黄　大10個
グラニュー糖　1/2 カップ（100g）
バニラビーンズのさや　1本
タービナドシュガー　大さじ8

スモークに必要なもの：
リンゴまたはメープルの木のチャンク　4個
　またはチップ　大きく6つかみ（約3カップ）
キッチントーチ
ラメキン（6オンス）またはクレームブリュレ型
　8個

1　184頁の「グリル・スモーキングの手順」にしたがってグリルの準備をし、約93℃に予熱する。チャンクまたはチップを炭の上に均一に広げ、グリルの蓋をする。通気口を開閉して調整しながら、温度を93℃に保つ。

2　金属製ボウルに生クリームと牛乳を混ぜ合わせ、氷をいっぱいに入れたボウルに重ねてグリルにのせ、蓋をして30分間スモークする。グリルから取り出して中サイズのソースパンに移す。溶けた氷は捨てる。

3　オーブンを170℃に予熱する。

4　ボウルに卵黄とグラニュー糖を入れ、とろみがついて淡い黄色になるまで泡立て器で混ぜ合わせる。**2**のクリームが入った鍋を弱めの中火にかける。バニラビーンズのさやを縦に割り、種をこそげ取って鍋に加える。クリームが一瞬煮立ったら火から下ろす。卵黄とグラニュー糖のボウルに、温めたクリームを少量ずつ加えながら泡立てる（クリームを一気に加えると、卵黄に熱が入ってスクランブルエッグ状になってしまうので注意）。カスタードがとろりとスプーンの背にからんでくるようになったら、目の細かい漉し器に通して、周囲に氷をあてたボウルに入れる。完全に冷えきるまでかき混ぜる。

5　カスタードを8個のラメキンまたはブリュレ型に、それぞれ4分の3の高さまで入れる。型を天板にのせ、その高さの半分まで水を入れる。オーブンに入れ、カスタードの縁がやや固まり、型をゆすると軽く揺れる程度になるまで50～55分間焼く。表面を焦がしたくなければ、天板にアルミ箔をゆったりとかぶせる。

6　天板をオーブンから取り出し、粗熱が取れたら、ラメキンを冷蔵庫に入れて最低2時間以上冷やす。

7　1個につきタービナドシュガー大さじ1をふりかける。キッチントーチを5cm離して表面を焼き、パリっとした焦げ目をつくる。

Old-Fashioned with Smoked Ice

スモーク氷を使ったオールドファッションド

クリーンなスタンダードカクテルが好きです。バーボンのオールドファッションドはつくるのも簡単。TVドラマ『マッドメン』で主人公のドン・ドレイパーが愛飲して以来大人気ですが、そもそもスモーキーな香りを持つウイスキーには、同じ匂いのする共犯者が必要です。そこで登場するのがスモーク氷。これは、水をスモークして凍らせるのではなく、氷をスモークしてその溶けた水を再度凍らせる、という方法でつくります。煙には温かいものよりも冷たいものに吸着する性質があるので、氷を直接スモークするほうがよりスモーキー香がつくのです。スモーク氷を使えば、シェイクするマティーニからステアするブラッディメアリーまで、どんなスピリッツやカクテルにも薪火の香ばしさを加えることができます。

材料：1杯分

氷　製氷皿1枚分（約15個）
バーボン（メーカーズマークなど）　260ml
シンプルシロップ（下記NOTE）　15ml
オレンジビターズ　3ダッシュ
アンゴスチュラビターズ　2ダッシュ
オレンジ表皮　1個分

スモークに必要なもの：
メスキートの木のチャンク　8個
　またはチップ　大きく6つかみ（約3カップ）

1　184頁の「グリル・スモーキングの手順」にしたがって、グリルの準備をし、約110℃に予熱する。チャンクまたはチップを炭の上に均一に広げ、グリルの蓋をする。通気口を開閉して調整しながら、温度を110℃に保つ。

2　浅い鍋に氷を入れてグリルにのせ（氷が溶けるので、溶けた水があふれない程度の深さは必要）、蓋をして1時間スモークする。氷が溶けて、琥珀色の水になる。この水を製氷皿に入れて凍らせる。

3　カクテルをつくる。バーボン、シンプルシロップ、2種類のビターズをオールドファッションドグラスに入れる。バースプーンでステアする。スモークした氷を3～4個加え、よく冷えて適度に薄まるまで約30秒間ステアする。ライターに火をつけてグラスにかざし、オレンジの皮を火に向けてぎゅっと絞り、油分を燃やしながらカクテルの表面に飛ばす。皮をグラスの縁に飾る。

NOTE：シンプルシロップ
計量カップまたはガラス瓶にぬるま湯1カップとグラニュー糖（細目）1カップを入れる。グラニュー糖が完全に溶けて液体が透明になるまでかき混ぜる。シンプルシロップは、密閉容器に入れて冷蔵庫で半永久的に保存できる。

OFF THE COALS

炭を使わない料理

炭火の特質を生かした料理だけで勝負するレストランをつくる――それが私の当初の計画でしたが、一方で、アウトドア料理体験を完結させるには、サラダや前菜、そしてもちろんパスタも必要だということもわかっていました。この章でご紹介するのは新鮮な魚のセビーチェ、ボリュームたっぷりのスープ、季節のサラダ……いずれも簡単につくれて、忘れられない味わいで、そして「生きた火」を使った料理によく合うものです。アウトドアでもインドアでも、家族の食卓に、あるいは友人たちへのおもてなし料理として、レパートリーに加えていただけたらと思います。

マルチユースなビネグレットはそれ自体が立派な一品で、ぜひとも冷蔵庫に常備しておきたいもの。おいしいサラダには手づくりのビネグレットが欠かせないわけですが、ただし、けっしてじゃぶじゃぶかけたりしないように。ビネグレットは、あくまでも野菜を引き立てる控えめなパートナーです。

Little Gems with Flavors of Caesar

チャコール風シーザーサラダ

高校時代に最初に行ったアルバイト先のひとつが、ベニスビーチのしゃれたカフェのサラダステーションでした。いちばん人気のメニューは、注文を受けてからつくるのが売りのシーザーサラダ。1日に200個以上のシーザーサラダをつくりながら、具材のバランスや、レタスとドレッシングの比率の絶妙な加減について学んだものです。そんな王道シーザーサラダを私なりに再構築したのが、このレシピ。やわらかなミニロメインレタス、クリーミーなバターミルクとアンチョビーのドレッシング、ホクホクのガーリックチップが堪能できます。

材料：4～6人分

［**ガーリックチップ**］
ジャンボニンニク（ジャンボリーキ／下記NOTE）　2片
牛乳　1カップ
植物油　450ml

［**サラダ**］
ミニロメインレタス　3～4個
バターミルクとアンチョビーのドレッシング（p.216）　170ml
トマト（縦半分に切り、縦に約6mm幅にスライス）　中1個
固ゆで卵の卵黄　2個
レモンパン粉（p.77）　大さじ3
黒コショウ（挽きたて）　適量

NOTE：ジャンボニンニク（ジャンボリーキ）
その名のとおり（英語名elephant garlic）1玉の大きさが普通のニンニクの2倍はあり、1玉に5片ほどしかない。実際にはニンニクではなくリーキの仲間で、ニンニク特有の風味はマイルド。1片が大きいので、チップ用の極薄スライスにもしやすい。

1　ガーリックチップをつくる。ジャンボニンニクをスライサーを使って極薄にスライスする。ソースパンに牛乳とともに入れて火にかけ、沸騰したらザルに上げて冷水で洗う。キッチンペーパーにのせて乾かす。

2　**1**を小さなソテーパンに入れ、かぶる程度の植物油を加えて強めの中火にかける。高温だとすぐに焦げてしまうので、鍋を回しながらゆっくりと加熱する。2分以内にカリッとして香ばしいきつね色になる。耐熱性ボウルにのせた網で漉し、オイルとニンニクに分ける。ニンニクはキッチンペーパーにのせて油をきる。冷めるとさらにカリカリになる。ガーリックオイルは保存してさまざまな用途に使用する。

3　サラダをつくる。大きなボウルに氷水を張る。レタスの根元を切り落として葉をはがし、氷水に浸けて振り洗いし、そのまま10分間浸けてシャキッとさせる。ザルに上げて水をきり、キッチンペーパーを敷いたサラダスピナーに入れて回転させ、水分を飛ばす。ペーパーを敷いたバットに並べ、残った水分を取り除く（ドレッシングがよくなじんだサラダをつくるためには、水分を完全にきることが大切）。

4　レタスを適当に手でちぎり、ボウルに入れる。ドレッシングの半量を加えてあえてからトマトと残りのドレッシングを加え、さらにあえて完全になじませる。大きな器にサラダを盛り、ゆで卵の卵黄をマイクロプレイン（目の細かいおろし金）ですりおろして、まんべんなくかける。レモンパン粉とガーリックチップを散らし、ペッパーミル6回転分の黒コショウをふる。すぐにサーブする。

Buttermilk-Anchovy Dressing

バターミルクとアンチョビーのドレッシング

バーニャカウダソースの一種ともいえるドレッシングで、アンチョビーオイルがキー材料です。パンにぬったり、もちろん生野菜のディップとしても使えます。このレシピで使うホワイトアンチョビーのマリネ（ボケロネス）は、一般的なオイル漬けアンチョビーよりはるかに繊細で、魚臭さもありません。

材料：約1½カップ分

［**アンチョビーオイル**］
ホワイトアンチョビーのフィレのマリネ＊（7オンス＝約200gパック／水気を切ってみじん切り）　1パック
チャイブ（みじん切り）　1/4カップ
E.V.オリーブ油　120ml
エシャロット（みじん切り）　小1本
ニンニク（芽を取り除き、みじん切り）　1片

［**バターミルクドレッシング**］
マヨネーズ　120ml
バターミルク　120ml
ディジョンマスタード　小さじ2
レモン表皮（細かくすりおろす）　1個分
レモン果汁　1/2個分
塩（細粒）　適量
アンチョビーオイル　80ml
黒コショウ（挽きたて）　適量

＊**ホワイトアンチョビーのフィレのマリネ**：カタクチイワシのフィレを塩で締め、水洗い後に酢、オリーブ油、ニンニク、ハーブなどで漬けたもの。「ここで使っているのはスペイン製のチルド食品のようです。日本では自家製するか（その場合は酢をきかせすぎないよう）、あるいは通常のオイル漬けアンチョビーで。オイル漬けでも十分においしそう」（米澤）。

1　アンチョビーオイルをつくる。密封瓶にカタクチイワシのみじん切りとチャイブを合わせる。小さなソースパンにE.V.オリーブ油、エシャロット、ニンニクを入れて弱めの中火にかけ、鍋を回しながらゆっくりと、エシャロットとニンニクから細かい泡がふつふつと出て、透き通ってくるまで加熱する（約3分間）。先の瓶に油ごと注ぎ入れる。粗熱が取れたら蓋をして冷蔵庫に入れ、ときどき振る。このアンチョビーオイルは冷蔵庫で約2週間の保存が可能。バターミルクドレッシング用に1/3カップを取り分ける。

2　バターミルクドレッシングをつくる。ボウルにマヨネーズ、バターミルク、マスタード、レモン表皮と果汁、アンチョビーオイルを混ぜ合わせる。ミニ泡立て器またはスプーンを使って、なめらか＆クリーミーになるまでよく混ぜる。ペッパーミル6回転分の黒コショウをふる。ラップフィルムをかけて、冷蔵庫で1時間以上冷やす。密閉容器に入れて冷蔵庫で約1週間の保存が可能。

Collard Greens with Yam, Shaved Onion, Aged Cheddar, and Raisin-Caper Vinaigrette

コラードグリーンとサツマイモ、玉ネギ、チェダーのサラダ、レーズンとケイパーのビネグレット

コラードグリーンには「かたくて、長時間加熱しないと食べられない」イメージがあり、それで敬遠する人が多いようです。でもじつは、いまやサラダ界のスターとなったケールにとてもよく似たフレーバー・プロファイルを持つ野菜です。ここでは生のコラードのピリッとしたパンチを生かし、甘酸っぱいビネグレットを十分に吸わせて、生き生きしたフレーバーのサラダに仕立てます（ちなみにコラードの苦みをやわらげ、葉をやわらかくするコツは「もむ」こと。飲み込むのに何分間ももぐもぐしなくて済みます）。ローストしたサツマイモのまろやかさ、熟成チェダーのシャープな旨みとのハーモニーも完璧。ボリューミーな前菜にしてもよし、メインのサラダにもなります。

材料：4～6人分

サツマイモ*（皮をむき、約2cmの角切り）　大1本
ライトブラウンシュガー　小さじ1½
塩（細粒）　小さじ1
E.V.オリーブ油　大さじ1
コラードグリーン（茎を切り落とす）　2束
玉ネギ（スライサーで薄切り）　1/2個
ラディッシュ（各色／スライサーで薄切り）　10個
レーズンとケイパーのビネグレット（p.218）
　3/4カップ

熟成チェダーチーズ（シュレッド）　1½カップ
レモンパン粉（p.77）　1/2カップ

＊**サツマイモ**：原文の表記はレッド・ガーネット・ヤム（表皮は赤く、身がオレンジ色のサツマイモ）。甘みが少なく、ニンジンのような食感。

1　オーブンを240℃に予熱する。天板にクッキングシートを敷く。

2　ボウルに角切りにしたサツマイモを入れ、ブラウンシュガーと塩を加えてあえ、E.V.オリーブ油を加えてさらにあえる。**1**のシートの上に広げる。天板をオーブンに入れ、フォークがすっと入るくらいにやわらかくなり、表面が軽くキャラメリゼされるまで焼く（約20分間目安）。オーブンから取り出して冷ます。

3　コラードグリーンから葉脈をはがして捨てる。葉を1枚ずつ重ね、縦半分に切り、横に1.3cm幅に切る。大きなボウルに張った氷水に浸け、振り洗いして砂を落とす。ボウルから引き上げ（ボウルの底の沈殿物をかき回さないように）、キッチンペーパーを敷いたバットに並べ、水気をきる。手で約2分間もみ、葉をやわらかくする。

4　玉ネギとラディッシュの薄切りを氷水に約10分間浸けてシャキッとさせる。ザルに上げ、ペーパーで叩くようにして水気をふき取る。

5　サラダボウルにコラードグリーンを入れ、玉ネギとラディッシュ、サツマイモを加える。ビネグレットを回しかけてよくあえる。チェダーチーズを加えてさらにあえる。皿に取り分け、レモンパン粉をトッピングする。

>>

Raisin-Caper Vinaigrette

レーズンとケイパーのビネグレット

コラードグリーンのほか、タンポポやケールなど、ピリッとして苦みのある葉野菜によく合う甘酸っぱいビネグレット。冷蔵庫で約1カ月間保存できます。とろりとした濃度があるので、グリルした海老やホタテや鶏肉にかける冷たいソースとしても使えます。

材料：約2カップ分

ゴールデンレーズン　1/4カップ
ケイパー（小粒／水気をきる）　1/4カップ
ディジョンマスタード　大さじ1
ニンニク（芽を取り除き、みじん切り）　1片
レモン果汁（搾りたて）　120ml
グレープシード油　120ml
E.V.オリーブ油　60ml

1　ブレンダーにレーズン、ケイパー、マスタード、ニンニク、レモン果汁、水60mlを入れ、中速で、完全になめらかになるまで混ぜ合わせる。低速に変え、回しながらグレープシード油とE.V.オリーブ油を少量ずつゆっくりと注いで乳化させる。このビネグレットは密閉容器に入れて冷蔵庫で約1カ月間の保存が可能。使用時によく振って乳化させる。

Arugula and Radicchio with Sliced Apple, Feta Cheese, and Roasted Pumpkin Vinaigrette

セルバチコ、トレビス、リンゴ、フェタチーズのサラダ、ローストパンプキン・ビネグレット

シャキシャキのリンゴ、塩気の強いフェタチーズ、ピリッとした葉野菜を使った、カラフルでさわやかなサラダ。メインディッシュにもなり、さまざまなフレーバーと食感のコントラストが味わえます。私は秋のサラダのつもりですが、夏ならリンゴを桃やイチゴに、冬ならブラッドオレンジなどに代え、季節のフルーツを使って一年中楽しむことができます。

材料：4～6人分

セルバチコ　3½カップ（約340g）
トレビス（縦に4等分して横に2.5cm幅に切る）　1個
クレソンの葉　1/2カップ
リンゴ（できればピンクレディ種＊／半分に切りスライサーで横に薄切り）　1個
ローストパンプキン・ビネグレット（p.221）　1/2カップ
フェタチーズ＊（ほぐす／できればフランス産）　1/2カップ
ローストパンプキンシード　大さじ2
塩（細粒）　ひとつまみ
黒コショウ（挽きたて）　適量

＊**ピンクレディ**：果肉がかためで、香りの強い、酸味のしっかりとしたリンゴ。紅玉のようなタイプ。
＊**フェタチーズ**：ギリシャの羊乳または山羊乳チーズ。強い塩気とほのかな酸味が特徴。

1　サラダボウルにセルバチコ、トレビス、クレソン、リンゴを入れ、ビネグレットを加えてよくあえる。フェタチーズとパンプキンシードを加え、混ぜる。軽く塩とペッパーミル6回転分の黒コショウをふる。すぐにサーブする。

Roasted Pumpkin Vinaigrette

ローストパンプキン・ビネグレット

とろりと濃厚で色鮮やかなこのビネグレット、噛みごたえのある葉野菜はじめローストした冬カボチャや根菜など、さまざまな冬の素材を引き立ててくれる力強い存在です。粘度が高いので、たとえば感謝祭で余ったターキーを使ったサンドイッチのスプレッドにも。フレッシュのカボチャが手に入らないときは、既製品のカボチャのピュレ120mlで代用できます。

材料：約2カップ分

カボチャ　小1/2個（約450g）
E.V.オリーブ油　適量
塩（細粒）　適量
黒コショウ（挽きたて）　適量
ディジョンマスタード　大さじ1
ニンニク（芽を取り除き、つぶしてペースト状にする）　1片
エシャロット（みじん切り）　1/2本
アップルサイダービネガー　60ml
バルサミコ酢　60ml
レモン果汁　1/2個分
グレープシード油　180ml
パンプキンシード油　120ml

1　オーブンを180°Cに予熱する。

2　カボチャの上部を切り取って捨てる。厚さ約2.5cmのくし形に切り、種を除いて天板に並べる。E.V.オリーブ油、塩、黒コショウをふりかけ、各片を裏返して同様にする。オーブンに入れ、やわらかくなるまで焼く（約30分間目安）。

3　カボチャを冷まして皮をむく。身をブレンダーに入れ、完全になめらかになるまで回す。

4　**3**のピュレから120mlを取り分け（残りは別の用途のために保存する）、大きな密封瓶または密閉容器に入れる。マスタード、ニンニク、エシャロット、塩小さじ1/4、ペッパーミル6回転分の黒コショウ、2種類のビネガー、レモン果汁、水60mlを加え、混ぜて塩を溶かす。続けてグレープシード油とパンプキンシード油を加える。蓋をして、完全に乳化するまでよく振る。サラダにかける前にも再度よく振る。このビネグレットは密閉容器に入れて冷蔵庫で約1週間の保存が可能。

Snapper Ceviche with Citrus and Coconut

柑橘とココナッツ風味の鯛のセビーチェ

セビーチェは、シーフードの柑橘果汁マリネです。柑橘の酸により、魚介は少し火が入ったような乳白色に変わり、身も引き締まって仕上がります。私のレシピはわりと直球で、魚にはやさしい味わいの鯛を好んで使います。変化をつけたければストライプドバス（シマスズキ）、ホタテ、オヒョウなどもよいのですが、何にしても大切なのは最高に新鮮でクリーンな素材を選ぶことです。マリナードはライム、レモン、オレンジという爽快な柑橘トリオに、クリーミーなアボカド、甘いマンゴー……舌触りとフレーバーと見た目バランスの模範ともいえる組み合わせで、私にとっては鉄板の「刺身サルサ」です。なおレシピ中、柑橘果汁を一度取り替えて2回マリネするのは魚を均一に「調理」し、魚から出るアクを除去してよりクリーンなトロピカル風味にするため。また伝統的なセビーチェではコリアンダーの葉が使われますが、苦手な人も多いので、ここではミントで代用しています。

材料：4～6人分

鯛のフィレ（皮なし）　450g
塩（細粒）　適量
ライム果汁（搾りたて）　240ml（約4個分）
レモン果汁（搾りたて）　120ml（約3個分）
オレンジ果汁（搾りたて）　120ml（約1個分）
マンゴー（熟れているがやわらかすぎないもの／小角切り）
　1/2個
アボカド（熟れているがやわらかすぎないもの／小角切り）
　1/2個
プラムトマト（種を取り除き、小角切り）　小2個
赤玉ネギ（みじん切り）　大さじ2
ハラペーニョ（種を取り除き、みじん切り）　1/2本
ココナッツウォーター　120ml
ミントの葉（みじん切り）　大さじ2
フルール・ド・セル　適量
エスペレット唐辛子（p.38）
　またはカイエンヌペッパー　小さじ1/4

［**ガーニッシュ**］
チコリ
バターレタス
プランテーンチップス（バナナチップス）
　またはサツマイモチップス

1　バットに金網をセットし、鯛のフィレを並べる。両面に塩をふり、そのまま45分間おく（塩が魚の水分を引き出し、甘みと旨みが凝縮する）。

2　冷水で鯛を洗い、キッチンペーパーで叩くようにして水気をふき取る。約6mmの角切りにし、耐酸性であるガラスまたはステンレス製ボウルに入れる。ライムとレモンとオレンジ果汁のそれぞれレシピの半量を加え、ラップフィルムをかけて冷蔵庫で10分間冷やす。果汁を捨て、新たに3種の果汁の残りを加え、再度冷蔵庫で10分間冷やす。

3　2度目の果汁も捨てる。マンゴー、アボカド、トマト、玉ネギ、ハラペーニョ、ココナッツウォーターを加えて鯛とよく混ぜ合わせ、冷蔵庫で15分間冷やして味をなじませる。

4　仕上げにミント、フルール・ド・セルひとつまみとエスペレットを加える。穴じゃくしでセビーチェをすくって器に盛り、チコリ、レタス、チップスを添えてすぐにサーブする。

Beef Tartare with Seeds and Spices

牛肉のタルタル、シード＆スパイス風味

フランスに行ったら必ず食べたいもの……それは、目の前でつくってくれる「タルタルステーキ」。偉大なる古典料理にして、とにかくおいしいのです。「チャコール」のオープンにあたっては、生の牛肉でつくる元祖タルタルを筆頭に各種のタルタルをメニューに加えたいと思っていました。牛肉のタルタルは家庭でも安全につくることができますが、火を通さないので牛肉の品質にはこだわる必要があります。行きつけの肉屋や特選肉の専門店があれば、ぜひそこで購入してください。私のタルタルの味つけはフレッシュハーブ、塩気のあるコルニションとケイパー、マスタード、みじん切りにしたエシャロットが基本。そこにクランチーなパンプキンシードとサンフラワーシード、そしてスパイシーなラー油を加えることで、モダンで斬新なアレンジを施しています。なお、このふんわりと軽い食感のタルタルをつくるには、ミンサーが必要になります。

材料：4～6人分

牛肉（新鮮で上質なニューヨークストリップや
　テンダーロインなど／筋を取り除き、ぶつ切り）　250g
牛脂（粗みじん切り）　60g
コルニション（粗みじん切り）　8個
ケイパー（小粒／水気をきる）　大さじ2
エシャロット（みじん切り）　1本
チャイブ（みじん切り）　大さじ2
イタリアンパセリ（みじん切り）　大さじ2
レモン表皮（細かくすりおろす）　1個分
ディジョンマスタード　大さじ1
塩（細粒）　小さじ1
エスペレット唐辛子（p.38）
　またはカイエンヌペッパー　小さじ1
ラー油　小さじ2
パフキヌア（市販品）　大さじ2
ローストパンプキンシード　大さじ1
ローストサンフラワーシード
　またはヘンプシード　大さじ1
レモンアイオリ（p.147）　120ml
チャコールフラットブレッド（p.175／グリルする）
　またはバゲットのスライスのトースト　適量

1　ボウルに牛肉、牛脂を入れ、コルニション、ケイパー、エシャロット、チャイブ、イタリアンパセリ、レモン表皮、マスタード、塩、エスペレットを加えて全体が均一になじむまで混ぜ合わせる。冷凍庫に入れ、さわると冷たいが凍ってはいない状態まで冷やす（約30分間）。

2　ミンサーに粗目のディスクを取り付ける。提供用の大皿をミンサーの下に置く。ミンチしながら皿に直接盛るほうが、見た目も食感もよい。

3　**1**の牛肉ミックスをミンサーにかけながら（何回かに分けて）、皿に盛る（皿を動かして、タルタルがまんべんなく皿にいきわたるようにする）。タルタルにラー油を回しかけ、パフキヌア、パンプキンシード、サンフラワーシードをトッピングする（仕上がり写真は212頁）。レモンアイオリをぬったフラットブレッドまたはバゲットを別皿に盛って添える。ゲストそれぞれが皿からタルタルをスプーンですくい取り、パンにのせて食べる。

Black Kale and White Bean Soup

ブラックケールと白インゲン豆のスープ

ケールが“クール”な野菜になるずっと以前から、息子の学校の「ミートレスマンデー」プロジェクトをサポートする形で、このベジタリアンスープをつくっていました。たっぷりの野菜とクリーミーな白インゲン豆が入ったこのスープは食べごたえもしっかりとあり、筋金入りの肉好きも満足するはず。「タスカンケール」「ダイナソーケール」「ラシナトケール」「カーボロ・ネーロ」とも呼ばれるイタリア原産のブラックケールは、先の尖った長い葉に縮みじわが入っている濃い緑色の葉野菜で、普通のケールよりも苦みが少なく、土の香りをもった繊細な風味があります。このスープは2日目にさらにおいしくなり、冷蔵庫で4～5日間の保存が可能です（冷凍しても味が落ちません）。黄身がとろとろのポーチドエッグをのせるもよし。それでもやっぱり肉が欲しいという人は、アイゼンハワーソーセージ（p.159）を2本ほどカットして、サーブする前にスープに入れてみては。

材料：4～6人分

乾燥白インゲン豆
（カンネッリーニ、グレートノーザンなど）　225g
玉ネギ（皮付き）　1/4個
玉ネギ（みじん切り）　小1個
ニンジン　1/2本（そのまま使う）
ニンジン（縦半分に切って6mm幅の薄切り）　1本
ニンニク（皮付き）　1片
ニンニク（芽を取り除き、みじん切り）　2片
塩（細粒）　適量
グレープシード油　大さじ2
セロリ（縦半分に切って6mm幅の薄切り）　1本
シイタケ（石突きを切り落とし、半分に切って横に薄切り）
6個
カットトマトの缶詰（汁ごと使用）　400g缶1個
野菜またはチキンのスープストック（低塩）
1.8リットル
ブーケガルニ（パセリ6枝、タイム4枝、セージ2枝、ローズマリー1枝をタコ糸でしばる）
ブラックケール（中央の葉脈をはずし、横に細切り）
225g（約2束）
ハード系のパン　適量

［ガーニッシュ］
レモン（くし切り）
パセリとワケギ（みじん切り）
パルミジャーノ・レッジャーノ（すりおろす）

1　ソースパンに白インゲン豆を入れ、底から5cmまで水を注ぐ。強めの中火にかけて沸騰させたら、蓋をして火から下ろし、30分間おく。ザルに上げて水気をきり、冷水で洗う。豆を鍋に戻し、皮付き玉ねぎ1/4個、ニンジン1/2本、皮付きニンニク1片を加える。かぶる程度の水を入れて強めの中火にかけ、沸騰したら弱めの中火にし、沸騰寸前の状態を保つ。蓋をせずに、アクを取りながら30分間煮る。塩小さじ2を加え、煮くずれていない程度のやわらかさになるまで煮る（約15分間）。ザルに上げて水気をきる。

2　スープ鍋にグレープシード油を引き、弱めの中火にかける。玉ネギとニンニクのみじん切りを加え、透き通ってくるまで、かき混ぜながら3～4分間炒める。ニンジンの薄切りを加え、1分間炒める。セロリ、シイタケ、塩ひとつまみを加え、頻繁にかき混ぜながら、野菜がやわらかくなるまで炒める（約5分間）。

3　カットトマトを汁ごと加えて塩ひとつまみを足し、頻繁にかき混ぜながらトマトが軽く煮詰まるまで煮る（約5分間）。

4　スープストック、ブーケガルニを加え、軽く塩を加える。強めの中火にし、スープが沸騰したら中火に弱めて、蓋をせずにときどきかき混ぜながら、20分間煮込む。**1**の豆とケールを加え、ケールがしんなりして豆が温まるまで5～10分間煮る。

>>

5　ブーケガルニを取り出す。スープボウルに取り分け、パンとガーニッシュを添えてサーブし、ゲストがが好き好きにトッピングする。

Linguine with Avocado Pesto and Tomato

アボカドペーストとトマトのリングイネ

定番ペスト・ジェノベーゼに、カリフォルニアらしいツイストを加えたエメラルドグリーンのパスタ。当初は春限定でメニューに加えたのですが、あっという間に大人気の一皿になりました。クリーミーなアボカドをフレッシュのバジルとルーコラ、ホウレンソウに混ぜ合わせています。一風変わった火を使わないこのソースは、ハーブのフレーバーが生き生き。食感はアボカドのヘルシーな脂質のおかげでとてもなめらかです。カニの身やキャビア、削ったトリュフをのせて豪華なパスタ料理にすることもできますし、トーストしたバゲットにぬれば、いかにもカリフォルニアらしいアボカドトーストになります。

材料：4人分

ベビールーコラ　1カップ
ベビーホウレン草　1カップ
バジルの葉（ピュレ用）　1カップ
アボカド（熟れているがやわらかすぎないもの／角切り）　2個
ローストピスタチオ（無塩のもの）　1/4カップ
ローストカシューナッツ（無塩のもの）　1/4カップ
ニンニク（芽を取り除き、つぶす）　2片
レモン果汁　1個分
塩（細粒）　適量
黒コショウ（挽きたて）　適量
E.V.オリーブ油　60ml
パルミジャーノ・レッジャーノ（すりおろす）　1カップ
リングイネ（乾麺）　450g
グレープトマト（縦半分に切る）　12個
レモンパン粉（p.77）　大さじ3
バジルの葉（トッピング用）　4枚

1　フードプロセッサーにルーコラ、ホウレン草、バジル、アボカド、ピスタチオ、カシューナッツ、ニンニク、レモン果汁、軽く塩、ペッパーミル2回転分の黒コショウを入れる。パルス機能を使って（適宜、側面についた具材をこそげ落としながら）ペースト状になるまで混ぜる。マシンを回転させながらE.V.オリーブ油を加え、鮮やかな緑色のなめらかなピュレにする。パルミジャーノを加えて、数回パルスしてよく混ぜ合わせる。すぐに使わない場合は、酸化しないように表面に直接ラップフィルムをつけて覆い、冷蔵庫に入れる。密閉容器に入れて冷蔵庫で約2日間の保存が可能。

2　大鍋に水を張ってたっぷりの塩を加え、強火で沸騰させてリングイネを入れ、大きくかき混ぜ、アルデンテにゆでる。ゆで汁を1カップ分取り分け、ザルに上げて水気をきる。

3　リングイネをサーブ用のボウルに入れ、**1**のピュレを加えてよくあえ、トマトを加えて均一に混ぜる。パスタがもったりしすぎていたらゆで汁を少量ずつ加えてゆるめ、なめらかにする。レモンパン粉をふりかける。バジルの葉のせん切りを散らす。

Blueberry and Yuzu Trifle

ブルーベリーと柚子のトライフル

甘く煮たブルーベリーにソフトなスポンジケーキ、そしてふわふわのホイップクリームが重ねられたこのデザートは、つくり置きも可能で、夏の夜の締めくくりにふさわしい一品です。ブルーベリーにレモン、という定番の組み合わせを柚子に置き換えることで、エキゾチックなトライフルに仕上がりました。すべて事前に準備が可能なので、サーブ直前に組み立てるだけ。店ではプレゼンテーションを意識して、透明なロックグラス（12オンス）を使って提供しています。

材料：6人分

［**ビスキュイスポンジケーキ**］*
グラニュー糖　1/4カップ
卵白（室温に戻す）　大3個
卵黄　大3個
中力粉　1/4カップ
ノンスティックスプレー

［**ブルーベリーと柚子のコンポート**］
グラニュー糖　1/2カップ＋大さじ1
アップルペクチンパウダー　小さじ3½
ブルーベリー（水洗いして乾かす）　1.8kg
柚子果汁　120ml＋適量

［**ペストリークリーム**］
卵黄　大4個
全卵　大2個
コーンスターチ　小さじ5
グラニュー糖　大さじ4
牛乳　450ml
生クリーム（乳脂肪分36％以上）　240ml
バニラエクストラクト　大さじ1

［**ホイップクリーム**］
生クリーム（乳脂肪分36％以上／冷やす）　240ml
バニラエクストラクト　小さじ1
粉砂糖　大さじ2

1　ビスキュイスポンジケーキをつくる。ウィスクを取り付けたスタンドミキサーのボウルにグラニュー糖と卵白を入れる。中高速で、ツノがピンと立つまで泡立てる。最低速に落とし、卵黄を1個ずつ加えながら、完全になめらかになるまで混ぜ合わせる。ボウルをミキサーからはずし、中力粉を大さじ1ずつ加えて、シリコン製のスパチュラでさっくりと混ぜ入れながらなじませる。

2　オーブンを150℃に予熱する。22cm × 33cmのオーブン皿にノンスティックスプレーを吹き付け、クッキングシートを敷きつめる。

3　**1**の生地をオーブン皿に流し入れ、均一に広げる。オーブンに入れ、スポンジが軽いきつね色になり、指で押しても戻るようになるまで15～20分間焼く。オーブンから取り出し、そのままおいて完全に冷ます。前日につくり、ラップフィルムをかけて室温においてもよい。

4　ブルーベリーと柚子のコンポートをつくる。小ボウルにグラニュー糖とペクチンを入れ、指でよく混ぜ合わせる。ソースパンにブルーベリーの4分の3量を入れて中火にかける。かき混ぜながら5～8分間加熱してやわらかくする。ペクチンミックスを加え、ジャム状になるまで煮る（約3分間）。柚子果汁を加えて、かき混ぜながらとろみがつくまで12～15分間煮詰める。火から下ろし、残りのブルーベリーを加える。室温で完全に冷ます。前日につくり、ラップフィルムをかけて冷蔵庫においてもよい。

>>

5　ペストリークリームをつくる。大きなボウルに卵黄、全卵、コーンスターチ、グラニュー糖大さじ2を入れ、とろみがついて淡い黄色になるまで泡立て器で混ぜ合わせる（約2分間）。

6　ソースパンに牛乳、生クリーム、残りのグラニュー糖大さじ2、バニラエクストラクトを入れて弱めの中火にかけ、一瞬煮立ったら火を止める（吹きこぼれないように沸騰させない）。その半量をレードルですくって、**5**のボウルに少しずつ加えながら泡立てる（一気に加えると、卵黄に熱が入ってスクランブルエッグ状になってしまう）。ボウルの中身を鍋に戻し、弱めの中火にかけ、とろみがついてコーンスターチの匂いがなくなるまで泡立て器で混ぜながら加熱する（約5分間）。火から下ろし、目の細かい漉し器を通して、氷をあてたボウルに入れる。完全に冷えるまでかき混ぜる。使用時までラップフィルムをかけて冷蔵庫で冷やす。レシピに必要な量よりも多めにできるはず（残ったクリームはフルーツジャムと一緒にトーストにのせたり、フレッシュフルーツのトッピングにするとよい）。

7　ホイップクリームをつくる。ミキシングボウルと金属製の泡立て器を冷凍庫に10分間入れて冷やしておく。冷やしたボウルに生クリームとバニラエクストラクトを入れ、もったりとするまで泡立てる。粉砂糖を加え、ツノがピンと立つまで泡立てる（泡立てすぎないこと）。ラップフィルムをかけて冷蔵庫で冷やす。

8　トライフルを完成させる。①提供用のロックグラスの縁をスポンジケーキに押し付けて6枚の円形を抜く。②スポンジの表面に柚子果汁をぬって湿らせる。③作業台の上に布巾を折って置く。④1個のロックグラスにペストリークリーム約60mlを入れ、布巾の上でグラスの底をトントンと叩いてならす。⑤ブルーベリーのコンポート大さじ3を入れ、スプーンの背を使ってそっと広げる。⑥円形に抜いたスポンジケーキをのせ、コンポートとケーキの間に隙間ができないように指でそっと押さえる。⑦1回目と同じ量のペストリークリームとブルーベリーのコンポートで2層目をつくる。⑧ホイップクリーム約60mlを、絞り袋またはスプーンを使ってのせる。ナイフかスパチュラでグラスの縁についたクリームをぬぐう。残り5個のグラスも同様にする。このトライフルは、すべて前日に準備することが可能。

The Bandit

ザ・バンディット

ウイスキーの中ではとくにバーボンが好きです。ストレートやロックはもちろん、そのオーク香をカクテルにも生かしたい。私は凝りすぎていたり主張が強すぎたり、甘ったるいドリンクはどうも苦手ですが、このカクテルはとても飲みやすく、バランスがよくて控えめ。特別な道具も必要ありません。ザクロシロップ（別名グレナディンシロップ）はジャックローズなどのカクテルにキー材料として使われていますが、これを手作りすると、市販品にはない赤みがかったきれいなピンク色と力強くフルーティなフレーバーが楽しめます。

材料：1人分

［**ザクロシロップ**］**つくりやすい量**
ザクロ果汁　1/2カップ
グラニュー糖（細目）　1/2カップ

［**カクテル**］
バーボン（バッファロートレースなど）　45ml
ドライベルモット（ドランなど）　20ml
レモン果汁（搾りたて）　20ml
ザクロシロップ　20ml
角氷または丸氷　大1個

1　ザクロシロップをつくる。計量カップにザクロ果汁とグラニュー糖を入れ、かき混ぜて砂糖を溶かす。

2　氷を詰めたミキシンググラスにバーボン、ベルモット、レモン果汁、ザクロシロップを入れる。バースプーンを使って、よく冷えて適度に薄まるまで約30秒間ステアする。角氷または丸氷を入れたオールドファッションドグラス（ロックグラス）にストレーナーを使って注ぐ。

Les Restes

レ・レスト

フランス語で「残りもの」を意味する名前のこのオリジナルカクテルは、うれしい偶然から生まれました。「チャコール」のバーメニューを改定する際、ロサンゼルスを拠点にするミクソロジストのパブロ・モアにコンサルタントをお願いしたのです。新しいメニューも決まったと安堵したところで、それまでのメニューで使っていたウオッカとライチジュースの余剰在庫があることが判明。そこでパブロがその両方を活用した、さっぱりとしてフローラルなこのカクテルを考案してくれました。幸運は続き、レ・レストは今では当店でも1、2を争う人気ドリンクになっています。

材料：1人分

ウオッカ　60ml
ライチジュース　20ml
シンプルシロップ（p.211）　15ml
卵白　大1個
アンゴスチュラビターズ　3ダッシュ
種なしブドウ（横にスライスする）　1個

1　シェーカーにウオッカ、ライチジュース、シンプルシロップ、卵白を入れ、氷で満たす。卵白がなめらかな泡状になるまでよくシェイクし、ストレーナーを使ってマティーニグラスまたはクープグラスに注ぐ。ビターズをカクテルの表面に3滴落とし、カクテルピン等を使ってシンプルなデザインにアレンジする。ブドウのスライスを飾る。

Nightcap

ナイトキャップ

「チナール」は、アーティチョークを主原料とするイタリアのハーブリキュール。アーティチョークの味がするわけではありませんが、植物と野菜の香りに満ちています。食後のドリンクとして簡単につくれるこのカクテル、チナール特有の快い苦みをエスプレッソのチョコレートとチェリー風味が引き立てています。

材料：1人分

エスプレッソ（ダブルショット）　90ml
冷水　60ml
チナール　45ml
角氷または丸氷　大1個
オレンジの皮

1　計量カップにエスプレッソと冷水を入れ、室温まで冷ます。

2　オールドファッションドグラス（ロックグラス）に**1**のエスプレッソミックス30mlとチナールを入れる。バースプーンでステアする。角氷または丸氷を加え、よく冷えて適度に薄まるまで約30秒間ステアする。カクテルの上でオレンジの皮をツイストしてグラスに入れる。

"In Pursuit of Excellence"

Josiah Citrin

ジョサイア・シトリン

ミシュラン二ツ星のレストラン「メリッス Mélisse」（カリフォルニア州サンタモニカ）のオーナーシェフであり、25年以上の長きにわたり米ロサンゼルスのダイニングシーンを牽引するレストラン経営者。同店のほか、ベニス地区の「チャコール Charcoal」、コリアタウンのザ・ラインホテル内の「オープンエアー Openaire」、ダウンタウンのステイプルズ・センター内にある「デイヴズ・ドッグハウス Dave's Doghouse」を展開する。PBSのTVシリーズ『The Mind of a Chef』でフィーチャーされたほか、『Hell's Kitchen』『Top Chef Junior』にはゲスト審査員として出演。その料理哲学「卓越性の追求」は、ファインダイニングからカジュアルまで手がけるすべてのレストランのコンセプトの基準となっている。

JoAnn Cianciulli

ジョアン・チャンチューリ

食品業界のトップインサイダーのひとり。料理本執筆のパイオニアとして、『L.A.'s Original Farmers Market Cookbook』『Crossroads』『The Lemonade Cookbook』をはじめとする10冊以上の著書を上梓。また、『Top Chef』『Master Chef』『Recipe Rehab』『The Next Iron Chef』などのTV料理番組をプロデュースする。ロサンゼルス在住。

Original title:

CHARCOAL -NEW WAYS TO COOK WITH FIRE- by Josiah Citrin and JoAnn Cianciulli

Copyright: © 2019 by Josiah Citrin
Photographs: © 2019 by Stan Lee

All rights reserved including the right of reproduction in whole or in part in any form.
This edition published by arrangement with Avery, an imprint of Penguin Publishing Group, a division of Penguin Random House LLC through Tuttle-Mori Agency, Inc., Tokyo.

The recipes contained in this book are to be followed exactly as written. The publisher is not responsible for your specific health or allergy needs that may require medical supervision. The publisher is not responsible for any adverse reactions to the recipes contained in this book.
Neither the publisher nor the author is engaged in rendering professional advice or services to the individual reader. The ideas, procedures, and suggestions contained in this book are not intended as a substitute for consulting with your physician. All matters regarding your health require medical supervision. Neither the author nor the publisher shall be liable or responsible for any loss or damage allegedly arising from any information or suggestion in this book.

本書に掲載されたレシピは、記載されたとおりにつくられることを前提としています。出版者は、個々の読者の医師の指導を必要とする健康状態やアレルギーに関しては責任を負いかねます。また出版者は、本書に掲載されたレシピによるいかなる有害反応や副作用に対しても責任を負いません。
出版者ならびに著者は、個々の読者に対していかなる専門的なアドバイスもサービスも提供するものではありません。本書に記載されたアイデアや手順や提案は医療の代わりになるものではありません。健康に関わることはすべて医療機関にご相談ください。本書に記載された情報や提案から生じたとされるいかなる損失または損害に対して、著者ならびに出版者は一切の責任を負いません。

炭火で焼く

カリフォルニア発、進化系 BBQ キュイジーヌ

初版印刷　2020 年 8 月 25 日
初版発行　2020 年 9 月 10 日

著者Ⓒ　ジョサイア・シトリン
発行人　丸山兼一
発行所　株式会社柴田書店
〒 113-8477
東京都文京区湯島 3-26-9 イヤサカビル
営業部（注文・問合せ）03-5816-8282
書籍編集部　03-5816-8260
http://www.shibatashoten.co.jp

印刷・製本　公和印刷株式会社

共著者　ジョアン・チャンチューリ
撮影　スタン・リー

翻訳　清宮真理

デザイン　矢内　里
注釈監修　米澤文雄
編集　木村真季

本書収録内容の転載、複写（コピー）、引用、データ配信などの行為は固く禁じます。
乱丁、落丁はお取替えいたします。

ISBN　978-4-388-06329-1
Printed in Japan
Ⓒ 2020 Josiah Citrin
SHIBATA Publishing Co., LTD